心の世界

岩村和道

幻冬舎ルネッサンス新書
252

心の世界

目次

第1部　正しい心の磨き方　――理論編――

第1章　心の世界とは何か　14

01　不幸の原因は心を理解していないことにある　14
02　心と脳の違い　15

第2章　傷つきたくないという心が生み出す不都合　18

01　傷つきたくないという気持ちが、不運や不幸を生む　18
02　本当のメンタルトレーニングは傷ついた意識と向き合うことにあり　19
03　傷つきたくないという思いがマイナスのエネルギーを生み出す　20
04　傷つくこともまた、悪だと心得る　21
05　傷つきたくないという思いが不都合を引き寄せる　22
06　心の世界においては被害者も悪となることを理解する　24
07　優劣を気にせず、結果に囚われない心を目指す　26
08　被害者が心を強く成長させることが、いじめをなくす鍵となる　27
09　自己意識―感性や感覚を普通に近づける　28

第3章　心の成長を怠ることによる弊害　30

01　ある女性との出会いと苦痛の始まり　30
02　鼻のできものから始まった体調不良　31
03　殺意を押しとどめた金縛りの体験　33
04　神能者との出会い　34
05　神能者の言葉に触れる　35
06　自発的な浄霊を行うということ　36
07　悪霊とは悩み苦しんだ記憶の塊　37

第4章　心の世界の法則と秩序　40

01　真理とは心の世界の法則と秩序である　40
02　霊は万物に宿る　41
03　感性や感覚、価値観のクオリティが人生を決めてしまう　42
04　心の質を上げることで、どんな結果も楽しめる心になれる　43
05　思いの力はほどほどに、自分の都合は少ないことが理想的である　46
06　悪霊は思考停止や停滞を好む　47
07　まずは自分のすべきことを為す　48
08　人間は神性と魔性を併せもつ存在　49

第5章　心を磨くためにすべきこと　51

01　本当の無敵とは力ではなく愛を増やす事　51
02　自分の都合に固執せず、クオリティの高い愛を育てよ　54
03　外ではなく自分の内を優先して戦うべき　55
04　守りたいという意識に潜む〝自分さえよければいい〟が裏目に出る　58
05　本当の意味の〝守る〟とは何か　59
06　自分の都合が通らないから、悩み、苦しむ　60
07　死を受け入れる心と見返りのない愛があれば、癌さえも治る　62
08　心の調和を目指し、守らず責めずの意識に近づける　64
09　結果に囚われずに愛のクオリティを高めることが、美と健康に繋がる　65
10　見返りを求めない神の愛に近づくことが心の成長に繋がる　66
11　心の世界には〝自由〟と〝責任〟しか存在しない　67
12　愛のクオリティを上げるには、自分の都合を減らすことが大切である　68
13　愛のクオリティが運命を決める　70

第6章　思いの強さと守護霊の関係　71

01　念の強さは諸刃の剣である　71
02　〝上手くやりたい〟という思いを軽減し初心に戻る　72

03 思いの強さに囚われることが大きな不運を呼ぶ原因となる 74
04 私たちは守護霊により悪霊から守られている 74
05 憑依され続けると守護霊の加護を受けづらくなる 76

第7章 人生は自己解放することで幸せなものとなる 77
01 相手を守りたいという意識は呪いに変換されやすい 77
02 自己解放を志すことで本当の自分に出会える 78
03 本音からいい人になれば、人生は幸せなものとなる 80

第2部 ある女性の念との対峙がもたらした心の成長 ——体験編——

第8章 浄霊とは何を目指し、どう行うのか 84
01 浄霊のための初めての施術 84
02 浄霊とは自らの魂を清めることである 85

第9章　Ⓨ子との出会いと悪霊の危険性　88

01　悪霊によって引き起こされる症状　88
02　Ⓨ子の思いがもたらすもの　90
03　Ⓨ子の危険性と危険を退けるための努力　91
04　憑依のボーダーラインを越えてしまったⓎ子　92
05　愛されたいという思いも、自分の都合である　94
06　自分とⓎ子との共通点　95
07　強い思いは呪いになってしまう　96

第10章　自己分析で心を磨く　98

01　善悪を併せもつから人間と言える　98
02　悪霊による苦しみは自己責任と考える　99
03　頭で理解するだけでは心を磨くことはできない　100
04　〝攻撃しない〟意識＝我慢をするのは心を磨くこととは違う　101
05　解放は心を磨くために行う　103

第11章　自己責任の考えで自分を磨く　105

01　被害者も責任はある　105

02 自分の苛立ちを分析することが成長に繋がる 106
03 自分のマイナスエネルギーが悪いものを引き寄せる 108
04 Ⓨ子に同調し、僕《しもべ》となる女性たち 110
05 心の世界に〝権利〟はない 112

第12章 Ⓨ子に翻弄される女性たちとの出会い 115
01 体調の改善と転職 115
02 転職後に出会った女性たちとの不幸な関わり 116
03 この人は……との思いも、やはり 118
04 施術の終わり、自力のみによる浄霊の始まり 119
05 強い念を放つYとの出会い 121
06 ウェイトレスとの関係に忍び寄る念の力 123
07 人の念に影響されると事故に繋がる可能性もある 124

第13章 悪霊との対峙をきっかけに半生を分析 126
01 散髪屋での出来事 126
02 悪霊aとの対峙 127
03 初めて〝死〟と触れ合った幼少時代 128
04 自分の都合に囚われるようになった思春期 130

05 問題を自分の責任として考えられるようになる 131
06 自分の都合がどんなものか、リアルに感じることが大切 133
07 自分の優劣を考えることが、不安や恐れの原因 134
08 優劣を気にする自分に気付き、悪霊ａと決別 135

第14章 心を磨くこと、それ自体を楽しむべし 138

01 他人への愛の不足は、自分の都合がまだ多いということ 138
02 課題を一つずつクリアしていくことそれ自体を楽しむ気持ちが大切である 140
03 今もなお続くⓎ子の念 140

第15章 愛が生み出す苦しみについて 142

01 愛の固定観念が放ち続けるマイナスエネルギー 142
02 深層心理に潜む自分の都合をある程度減らさなければ、愛に苦しむことに 143

第16章 才能があるだけでは心は磨けない 145

01 本音のメンタルトレーニングと小手先のコントロールの違い 145
02 才能ある人々に関する分析 146

第17章　私が今、気にかけている事　148

01　世界が理想に近づいていくためには　148
02　憲法9条は変えない方がいい　149
03　自動運転のもたらすデメリット　150
04　締め付けることでは社会の表面しか良くならない　150
05　美容整形は心を磨けなくなる　152
06　現実と真っ直ぐ向き合うために、現実の意味と価値を知る　153
07　本当の幸せは、不都合の少ない愛に溢れた人生にこそある　153

あとがき　156

第1部　正しい心の磨き方

――理論編――

第1章　心の世界とは何か

01　不幸の原因は心を理解していないことにある

心とはどんなものなのか。心がどれだけ経験や現実に影響を及ぼすのか。

そして、実は心こそ何よりも大事なものであることを、この本を通じて伝えていきたいと思います。私たちが生きているなかで先人たちの知恵や教えのおかげにより、多くの真理のかけらを知ることができます。たとえば、あまり欲をかくと裏目に回るということを、何となく知っているのではないでしょうか。そのような経験をしたり、話を聞いたりすることで漠然と受け入れて常識としているというのが現状だと思います。

しかし、この教えは心の世界を理解するうえで重要なものなのです。そして、なぜ裏目に回るのだろうという疑問をもつことも大切なのです。科学や医学の進歩も「なぜ?」から始まります。心の進歩もまた同じです。幼い子供がなんで、なんでと聞きたがるのは人間の本能であり、これを忘れないようにという大人へのメッセージだと思います。さらに残念なのは、心というものをあまり理解できていないことであり、これこそがすべての不運や不幸の原因となっていることを、この本では伝えたいのです。

人間の体内は細胞レベルで見ると「小さな宇宙」といわれていますが、心の世界もまた同じで理解するほどに広く深いことに驚かれるでしょう。ただ、普通に生きていくうえでは大まかにいくつかの要点をふまえて理解できれば十分だと思います。

02　心と脳の違い

まずは心と脳の違いについて。心と脳はしっかりと繋がっていますから、はっきりと線引きして分けられませんが、意識でコントロールできない領域が心であり、コントロールできる、またはしてしまった意識は脳の領域と思えばわかりやすいでしょう。もう一歩踏み込むと、心とは感性や感覚の領域であり本音の部分といえます。つまり、本当の心の掃除とは本音を磨き鍛えることであり、本音で生きても問題のない心を目指すものなのです。これこそが真のメンタルトレーニングであり本来の生きる意味と価値なのです。

本音や感性や感覚のなかに潜んでいる余計なマイナスの意識を減らすほどに、心は解放されるのです。そのぶん本当の自由も他人に対する愛もふえていきます。そうなるほどに心は豊かになり、構えずに真っ直ぐ生きられるようになり、大きな失敗も楽しめるようになるのです。人生においての負の要素をダイレクトに減らしていけば、心から笑えるように、楽しめるようになるでしょう。あらゆる物事に対してどう受け止め、どう感じるのかという発想のなかにこそ、人生のすべての鍵が含まれていることを知るべきなのです。

ところが、ほとんどの人は本音を抑え込んで、蓋をしたりごまかしたりします。さらに、人間は完璧ではないと知りながら、自分をいい方向に磨いていくことで社会を変えていこうとはせず、自分に都合の良い人生のため、人間にとって都合の良い社会のため、既成の理想や道徳に合わせにいくという安易な生き方をしてしまうのではないでしょうか。これでは本音と離れたぶんだけ、少しずつ心がひずんでいくのも当たり前なのです。

とりわけ深刻なのは、個人も、家族も、教育現場も、国も、上手く生きることを基準に物事を考えていることです。上手く生きようとするのではなく、自分の意識の弱点を磨き込んでいくことで、結果的に自然と良い生き方ができるように心の進化を優先することが本道なのです。これができないから、すべての問題の根本的な原因の解決にはならず、すべてが少しずつズレていってしまうことに、人間はそろそろ気付くべきだと思います。本音では不安や恐れを感じていたり、他人の評価や人との優劣を気にしていたりするのに、それを認めなかったり強がったりする。脳でコントロールした意識を心だと思い込んで、自分は問題ないと思考停止し固定観念にしてしまうのです。この状態の意識を自分の心の基準としてしまうことで、さまざまな問題を抱え込む結果になります。これこそが、さまざまなストレスの原因であり、本気でストレスを解消したいなら真っ直ぐそれと向き合わなければなりません。何がストレスなのか、なぜストレスを感じるのか、という分析をするわけです。それをできるだけ楽しめるように、ゲーム感覚でできるようになれば理想的なのです。

ところが現状では、歌ったり、笑ったり、買い物をしたり、酒を飲んだりすることでストレス解消をするのが一般的です。確かに、この方法でも意識の浅いところは楽になりますが、これを延々と続けていると少しずつ本気で笑えなくならないでしょうか。つまり、このやり方は間違っているわけです。本物のストレス解消には、ストレスの原因となる根っこにある「意識」を直接減らすしかありません。これも真理のかけらのひとつなのですが、目先の楽ばかり選んでいると後々しんどいことになるというわけです。

第2章　傷つきたくないという心が生み出す不都合

01　傷つきたくないという気持ちが、不運や不幸を生む

たとえば何か傷ついたことがあったとき、悲しんだり苦しんだり怒りを覚えたりと、マイナスの意識に囚われると思います。さらに残念なことに、もう二度と傷つかないように生きようとしてしまいがちになります。こうなってしまうと、厳しい悪循環への道に少しずつ向かうことになり、傷つくことを恐れ続ける人生になります。傷つきたくないという思いに囚われ続ける人生になってしまうのです。最悪の場合は自殺や他殺、犯罪被害まで起こりかねません。

相手を意図的に傷つけるのはもちろん悪であり、その攻撃のエネルギーはエスカレートしがちになります。他人に対しては厳しい目をもち、他人の善悪の判断ができるから自分は問題ないという自己正当化をしやすい人、自分たちは問題を起こさないようにコントロールしているのにというストレスを抱え、他人に対する愛が少ない人ほど、攻撃的になります。

大きな問題なのは、心の世界においては傷つく側もまた違った意味で悪となるということです。傷つきたくないと思った時点で、この先何か起こるのではないかという設定のエネルギーを含んでしまう。さらに傷つくという不都合は排除したいというエネルギーも含んでしまいます。これが逆に、傷つける可能性をもつ人と繋がり誘発するのです。

02　本当のメンタルトレーニングは傷ついた意識と向き合うことにあり

ここで少し考えてみて下さい、傷つきたくないという思いとは何なのか、それは実は自分の都合ではないのか、その自分の都合という小さな欲が裏目に回って傷つくようなことが起きたのではないのか、このまま傷つかないように生きていくと知らず知らずのうちにその思いはエスカレートしていき、さらに大きく傷つくことが起きるのではないか、という点です。

ここでもう一度、傷つきたくないとはどういうことか考えてみましょう。

とりあえず現実に傷ついたときは、その思いや感覚を大事に分析して学びに生かせればいいのですが、問題なのは何も起きていないのに未来の現実を選り好みするような思いを含んでしまうこと、つまり、不都合は受け付けたくない、排除したいという思いを含んでしまうことなのです。こうした、普段感じることのないかもしれない心の本音の奥に潜んでいる意識が裏目に回ってしまうのです。傷つくようなことが起きるときというのは、実は傷つきたくないという思いが裏目になっていますよというサインであり、それを減らした方がいいですよという忠告なのです。ここでわかってもらいたいのは、本当のストレス解消法と同じで傷ついた意識と正面から向き合うこと、なぜ傷つくのか、何に傷つくのかということを感じて気づいて欲しいです。嘆いたり苦しんだり憎んだりという意識に囚われているより、実はこちらの方が結果的に楽なのだということ。もし傷つきたくないという思いの減らし方を身につけることができれば、そのぶん傷つかない心に近づいていけるのです。萎縮や緊張や焦りや恐れなどというマイナスの意識が確実に消えていくからこそ、何事にも行動的になれる。これこそが本当のメンタルトレーニングであり、人間本来の生きる意味と目的であり、真の自由と責任であり、真の幸せへの唯一の道なのです。

03 傷つきたくないという思いがマイナスのエネルギーを生み出す

多くの人は「自分は傷つきたくないなんて思っていない」と言います。でも、この思いを一切もち合わせていない人などまずいないといえるでしょう、たとえば上手くいかないから行動しないとか、恋愛において行動的になれない、などというのもこの思いが大きな原因のひとつであり、その思いの強さのぶんだけ萎縮や不安や恐れなどを潜在的に抱え込んでいるのです。そして、そのような小さな自分の都合というマイナスのエネルギーが溜まったぶんだけ、不都合が起きるというわけです。

もちろん、現実的に裏目に回って傷つくようなことが起きなければ、心は磨けませんからあまり気にする必要もないのですが、それでもひとつの心構えとして伝えておきたいことがあります。現状の常識ではあり得ないと思うでしょうが、心の世界を理解でき、思いのエネルギーの法則と秩序を理解できるようになれば、それは明確になってきます。

04　傷つくこともまた、悪だと心得る

人を傷つけるのは悪だというのは常識となっています。これはある意味正解なのですが、それだけでは駄目なのです。どういうことかというと、傷つけないという思いを固定観念にしてしまうと、もうそこで意識のコントロールが始まり、過剰な気遣いや我慢などを抱え込みます。そして、傷つくかもしれない人は、それに気付くことなく、そこに時間という大きなファクターが加わりお互いにマイナスのエネルギーを増やしてしまうことに

なるのです。そして、それが堰を切ったとき、お互いに余計に傷つき、傷つける結果になります。

なぜ傷つくのか、なぜ傷つけるのか、互いに何も学べなくなるわけで、人を傷つけないという意識のコントロールがメインになっては駄目なのです。それでは、ストレスの多い、いびつな社会を作り上げてしまう結果を招きます。このように、心のエネルギーの世界においては、傷つくのもまた違った意味で悪となってしまうのです。傷つける側も、傷つく側も、互いの責任においてそれをきっかけにして学び合う事が理想なのです。

05 傷つきたくないという思いが不都合を引き寄せる

昨今話題になっているあおり運転も、またいじめ問題も、その他の犯罪も被害者は何ひとつ悪くなくて加害者が１００％悪いというのも、実は間違いです。もちろん、加害者の罪は大きいのですが、彼の心の中が１００％の悪であるならば、そう長くは生きられなくなります。家族や友人を大事に思っていれば、それだけで何割かの愛という善はあるわけです。

それはそれとして、背負った悪のぶんだけは不安や恐れや苦しみを抱えてしまい、最終的には生まれ変わりの世界に戻れず、悪霊化するかもしれないという「責任」がついてまわります。運良く生まれ変わりの世界に戻れても、背負った悪は心―魂に刻まれてそれにふさわしいところに産まれるという責任をもつのです。つまり加害者側は、たとえ人間の社会で裁かれなくても心の世界においては裁かれているのです。実は思考の劣化や判断ミスなど少しずつ足を引っ張られてはいるのです。

傷つける意識や攻撃的な意識を減らさない限り、そんな生き方しかできなくなる。それどころか、同じ発想の悪霊の憑依を受け続ける可能性しかないわけで、そのぶん状況はエスカレートしていきます。怒りに囚われてしまう人生になりますが、それでも何かひとつでも好きなことや人がいてくれれば、表面的であっても仲間がいれば、その人の心は１００％悪ではありません。

ただ「加害者と被害者が、〝実は〟心の奥底にもっている同じ思いのエネルギーが引き合うという偶然性に潜んでいる必然性」によって、出会い、関わってしまうのです。被害者になりやすい人はある程度以上に傷つきたくないという固定観念をもっていて、それが裏目に回ってしまいます。本来は傷つきたくないという固定観念を少しずつ減らして、傷つきにくい心にしていくことが課題なのです。それができずに傷つきたくないという思いのエネルギーが無意識のなかでも大きくなったぶんだけ、不都合が起こるのです。これは傷つきたくないという思いのエネルギーを減らせず増やした責任であり、傷つきたくないという思いのエネルギーも悪の始まりとなるのです。あるレベルまで心を磨けるようになるほど見えてきますが、苦手な人や嫌いな人も引きあっていて、実は心の奥に本人と同じ課題を多めに抱えているのです。傷つきたくないという思いのエネルギーに同じ発想で裏目に回って苦しむ悪霊の憑依を受けてしまい、同じ苦しみを共有してしまいます。

06　心の世界においては被害者も悪となることを理解する

心の世界の善悪の基準は神の意識なのです。見返りや結果を求めない、つまり「自分の都合」を一切含まない最高純度の一点の曇りもない愛と、すべてを肯定する意識のエネルギーです。ですから、心の世界においては萎縮や緊張のエネルギーも、いじめる側、または犯罪における加害者側が抱えている自分の外に向ける悪とは違った意味で、守りすぎてしまったり、人の目を気にして動けなかったりといった悪になってしまうのです。心の世界を深く理解できれば愛と肯定はほぼ同じ意味である事もわかるようになります。

心の世界、生まれ変わりの法則と秩序の範疇となる神界側の世界においては、萎縮や緊張も悪の始まりとなります。残念ながら、いじめを受ける側も犯罪被害者もどちらも悪となってしまうのです。神界側の本当の意味での守りや手助けのエネルギーが届かない世界、つまり守りすぎの魔界に向かうことになります。神界側から見ると加害者は攻撃の意識という悪が70％、被害者は意識で守りすぎという悪が60％というようなことになるのです。

つまりは、いじめで自殺をしても、犯罪被害で亡くなっても、生まれ変わりの世界に戻れる可能性は低いのです。もし戻れても、その課題のエネルギーは自己責任として魂に刻まれて、来生はもっと厳しい状況になり、さらに守りすぎという悪を増やしてしまう可能性が高いのです。

そんなことになる人がひとりでも減るようになればいいのですが、そのためにはひどい目に遭いたくない、どう思われているか心配だなどといった萎縮や緊張を心の中から少しでも減らすことが、その人にとっての課題であることを知るしかありません。萎縮や緊張を感じる瞬間を大事に分析して、少しでも心を磨き鍛えることこそが生きる意味と目的であり価値なのです。

優劣に対する萎縮や緊張や恐れの意識のエネルギー、さらにはするべき事をしない、できないという現実から目をそらすタイプ、目先の楽を選びたがる逃避型思考パターンのエネルギーが、つけ込む側のエネルギーと引き合うのです。

07　優劣を気にせず、結果に囚われない心を目指す

なぜ傷つきたくないのか、なぜ傷つくのか、それは心の奥底で優劣を気にしすぎるからであり、優れていたい、劣りたくない、笑われたくない、馬鹿にされたくない、上手くやりたい、思い通りにしたい、などの発想に囚われているのです。心の中の何割かが、そうなるかもしれないという結果に怯えているわけです。結果に囚われずに楽しみながら最善を尽くせるようになることが本当のメンタルトレーニングですから、少しでもそうなれるように一歩ずつでも近づければいいのです。この境地に近づけるほどに、体の動きを悪くする萎縮や緊張、焦りや力みなどは自然に少しずつなくなっていきます。そのうえ、これはいいクオリティのエネルギーを放ちながら行動も努力もできるわけで、善霊が寄ってきて気付く事も多くなり、いいインスピレーションを受け、いいゾーンに入る可能性も高まるのです。

08 被害者が心を強く成長させることが、いじめをなくす鍵となる

優劣に過敏になるのは人の目や評価を気にしすぎるということで、自分の思いに真っ直ぐ生きられない人や、自分のするべきことをいろんな意味でできない人ほど顕著に見受けられます。これが、いじめの加害者や被害者の心の奥底に潜む共通の大きな原因となるエネルギーなのです。

真っ直ぐ生きられる人は、回りくどくいじめなどに向かわずちゃんと意見を言いますし、するべきことをしている人は余計な干渉などをしている暇はありません。傷つける側はちゃんと生きていないからこそ、優れていないのではないかという不安を潜在的にもっていて、他人に干渉しすぎたり、自分より劣っていると思える人をつくりたがるのです。そして傷つけられる側、いじめを受ける側は前世からの課題として、萎縮や緊張を多く含んだエネルギーを生まれつきもっており、それを減らせずにある程度増やしてしまったときにことが起きてしまいます。いずれも人の目や評価を気にしすぎて、言いたいことも言えず、するべきこともできないことが多いのです。

事態が大きくなる前に対応できればいいのですが、現状ではなかなか難しいかもしれません。いじめを受ける側には何も罪はないという常識では、根本的な解決には至れないの

です。本人が少しでも強くなることでいじめがなくなれば正解と言えるのですが、これは心の中に潜んでいる萎縮や緊張のエネルギーをある程度減らせたときに、自然に解決するということでもあります。

09 自己意識―感性や感覚を普通に近づける

さらにいえば、人の評価を自分の思いでコントロールしようということも間違いで、自分の評価はその人たちに任せればいいのです。良い評価は喜びや感謝とし、悪い評価は自分なりに分析して意識のレベルアップに繋げるもよし、無視するもよしです。どんなクオリティの意識で努力するかが大きなかぎとなります。

人を悪く評価するときに、愛を含むのか、悪意や攻撃性を含むのかは、その人の自由と責任であり、後者ならばその発想に縛られ続ける可能性があり、そのままいくと自滅の道を行くことになります。

最も理想的なのは、あくまでも自分の意識としては普通であるという、大いなる普通を目指すことなのです。これは「中庸不変の徳」というもので、自分が優れているという固定観念をもった時点で、実は心の奥底に劣ることへの恐れを抱えてしまう。劣っているのではないかという不安をもてば、そのまま萎縮や緊張を抱えてしまうということになります。事をなす前から余計な意識に囚われず、より良い状態で動けるようになることを目指しましょう。良い結果がついてくれば大いに喜び、かつひたりすぎずにさらなる高みを目指せることが理想的なのです。意識や感覚を分析できれば、傷つく側も傷つける側も優劣に過敏な感覚を心の奥底にもっていることがわかります。

第3章　心の成長を怠ることによる弊害

01　ある女性との出会いと苦痛の始まり

少し視点を変え、心の世界の法則と秩序の核心ともいえる心の磨き方鍛え方、そして、どのように物事が裏目に回るのかについて、私の体験を紹介したいと思います。

短気で負けず嫌いなところが基本的な課題である私は、若い頃は思いの強さをひとつの手がかりとして生きていました。21歳位の時にかなり可愛くもあり美しくもある女性と出会い、付き合いたいと思いましたが、その寸前で何か良からぬものを感じて思いを伝えませんでした。しかし、女性の側は実は私への強い愛情を抱いていたのです。その後、すぐに女性は職場を辞めてしまいましたが、その愛情は悪い念となり、私に干渉してきました。

しばらくは何もなかったのですが、鼻の頭に小さなできもののようなものが浮かび上がり、土曜日が来ると大きくなるようになりました。彼女がいたのはガソリンスタンドで、私は仕事の都合上、基本的に土曜日に立ち寄っていましたので、叶えられない思いが強まるのでしょう。しばらくするとカーステレオや家電がよく不具合を起こすようになり、修理に出しても異常なしで返ってくる。２、３日でまた不具合が起きるということを繰り返すようになりました。

そのまましばらく我慢して使ったり、買い替えたりを繰り返し、当然のようにそれなりのストレスを抱えました。それから、家の窓ガラスや壁がよく鳴るようになり、少しずつ体調も崩すようになったのです。ゴールデンウイークや盆休みや正月休みのひと月前ぐらいからは、きまって鼻のできものが大きくなり始め、それに応じて体調の崩し方も酷くなっていきました。でも、休みが終わりに近づくと嘘のように体調も万全に戻るのです。

02　鼻のできものから始まった体調不良

この頃の体調の崩し方は、まず鼻頭のできものが少しずつ大きくなり、右耳をふさいでくるのです。右耳だけ耳鳴りがして、半分位しか聞こえない状況になります。鼻の方も、食事ができないぐらい鼻水が止まらなくなり、家ではティッシュを何度も鼻に詰め替えて外食の時は紙ナプキンを10枚位詰め替えないといけません。鼻水は数日経つと治まり始めますが、次はくしゃみが止まらなくなりました。風邪とは違って鼻の奥をつつかれ続ける感じで、くしゃみといえども数日続くとしんどくてなりません。肺やあばらが痛くなっても終わらないのです。くしゃみが治まり出すと、今度は咳が止まらなくなりました。これもまた風邪とは違って、喉の奥をつつかれ続ける感じです。やはり数日続くとしんどいもので、喉にひび割れができたような痛みを伴うようになり、痰には血が混じり肺やあばらが痛くなっても終わりませんでした。頭痛はなかったものの、頭が重くてふらつく感じは右耳をふさがれた時点からずっと並行してあるのです。そして、それらの症状は鼻のできものが小さくなると、いつも嘘のように終わりました。

　何となく彼女が原因だろうと思った私は、彼女の周りの人にどうしているのかとか一度会いたいなどと伝えると、ある程度できものは小さくなり症状も軽くなったので、何度かコンタクトを取りました。彼氏がいるから話すことはないと言われるだけだったのですが、しばらくして一度だけ土曜日にガソリンスタンドに座っていました。長い髪で顔を隠して俯いたまま途方もなく暗い雰囲気でした。「おう、元気にしてるか」と言っても俯いたきりで何も言いません。この様子だと何を言っても話にならないと思い、それまでにかなりのストレスを抱えていた私は怒りを抑え、そのまま何も言わず帰りました。

03　殺意を押しとどめた金縛りの体験

それ以降、念を感じる日は体じゅうの皮膚が疼くような感じで、3、4時間も寝付けずに睡眠不足になる日も増え、1年ほどが経ちました。さらに体調の崩し方が最悪になった頃、恥ずかしながら「もう明日殺すしかない」と決意したその晩、生まれて初めて金縛りにあったのです。

まず耳鳴りがどんどん大きくなってきて、ずどんと体全体に重いものが落ちてきました。目を少しだけ開けられる状態で、もの凄く眩しい白い光の点がだんだん近づき、大きな光となり、その中に小さな黒い点が現れ、大きくなりながら竹藪と彼女の家の名前が彫られた墓石になり、光は消え、大きな黒い影だけが残り、少しずつ揺らぎながら体に入ってきました。これが金縛りかと思ったぐらいで、あまり驚きも怖がりもしなかった私は、さらに怒りが増して「ふざけるな！　殺す」と思いながら寝たのですが、すぐに黒い影だけの2度目の金縛りも起こり、意外とあっさり「殺しちゃダメってことね」と納得したのです。

04　神能者との出会い

それからは、念の攻撃が強い時期には明け方まで繰り返し金縛りにあい、遅刻も増え、体調も長期休暇の期間を中心に最悪なまま1年半が過ぎた頃、霊感が強くそれなりにお祓いができるという知り合いに久しぶりに出会いました。早速その話をしたところ、ある神能者が凄くいいような気がするから一緒に行ってみないか、と誘われたのです。

私はいわゆる霊能者の人たちに多少なりとも不信感をもっていたので断ると、今までの霊能者とはまったく違うからと言われ、何冊か彼女の本を持っているから一度家に読みに来たらと言います。それならということで、後日家に行きました。

1冊の本を渡され、読み始めてすぐに私もこれは本物かもしれないと思いました。これなら私も一度行ってみたいと思い、彼と話を詰めていきました。○○神宮とあった場所に連絡を取り、空いている日時を聞き、私たちの行ける日時を調整したのです。帰る前に「2階に上がったとき、かなり嫌な感じがしたけど大丈夫なのか」と聞いてみました。彼は「わかるのか」と少し驚き、何もしてこないがいくらお経を読んでも居座り続ける女性の霊がいて、それをお経以外で何とかしようとさまざまな本を探しているとき、その著書に出会ったのだと言うのです。私自身も初めて金縛りにあったとき以外は霊を見たことはなく、それまでにここは気持ち悪くて近づきたくないと思ったような体験が2回あるくらいでした。

05 神能者の言葉に触れる

後日2人で○○神宮へ行き、まずは霊視をしてもらいました。友人は「ある程度の力を持つが故にお経に頼りすぎて、悪霊化した修行僧が心臓の深い部分まで入り込んでいる。さらに互いに除霊ができる力に溺れている要素が強く、神界の法則を理解できそうもないので、長い時間をかけて施術しても離脱する可能性はほぼない。無理をすると命の危険にもかかわるほど困難極まると思いますので、このまま一緒に生きていった方がいいでしょう。ただ、できるだけお経を読まないようにして、危険性の少ない仕事をしたほうがいい」と言われたそうです。

私の方は「悪霊が300体以上ついていて、一体だけかなり厄介な生霊がいる。彼女は日本で3番目か4番目位に念が強いから、施術を受けるにしてもかなりの努力が必要だし、受けなければますます念で攻撃し合う厳しい人生になる」と言われました。そのうえで「お互い思いの強さに依存しているから出会い、関わったのでしょう。彼女はすでにいい方に向かう可能性はないので二度と関わらないほうがいい。そして今までと180度違う生き方をし、心を磨いていけるなら手助けしますよ」と言われ、浄霊を受けることにしたのです。

06　自発的な浄霊を行うということ

神棚に向かい、あぐらをかいて楽にしていると、神能者は祝詞を上げ終わり、私の後ろに立って何やら特殊な呼吸法を始めました。頭皮に1ミリ位のピンポイントで気持ちのいい磁力を感じました。それが頭頂部全体に少しずつ縦横に動いていくうち、腰のあたりから体の表面を何かがうごめき出します。それはまるでラップを軽く背中に貼り付け、少しずつずり上げていくように上がり出し、肩のあたりで止まったのです。そんなことを30分ほど続け、何体かが肩まできて止まったので、除霊できたのかどうか聞くと、微笑みながら「どうでしょう。今日は終わりです。また来て下さい」と言われました。

この神能者という人は、質問しても最低限必要な事しか言いません。一緒に行った彼が「救えない」と言われたのを聞いたとき、それで神なのかと少々疑問を感じたのですが、私の体験はそれなりにインパクトがあったので、しばらく通ってみることにしました。

少し通っているとわかってくるのですが、体の中に隠れ潜んでいるもののうち、外れそうなものだけ表面に出て来てもらい、憑依霊の存在を本人に認識させる。まずは自力で、つまり自分の意識を磨くことで憑依霊の居心地を悪くさせて、自発的に外れてもらいなさいということなのです。つまり学びである心磨きが先であり、それができたぶんだけ居心地の悪くなったものは自然に離れていくわけで、人間側が学んだぶん脳を失ってしまった悪霊も間違いに気付く可能性が出てくるのです。

あからさまに助けるのではなく、最小のサポートで学びを深めることこそが、人にも悪霊にもそのすべてを取り巻く世界にとっても最善であるというわけです。無理に何らかの力を使うと、そのぶん自分の霊体に傷となり、かえって入りやすくなってしまう。さらに学びの前に除霊して助けてしまうと、そのぶん本人には確実に思考力がなくなり、霊能者に依存するようになるというわけです。

07　悪霊とは悩み苦しんだ記憶の塊

当時、薄々こういう事なのだろうと感じた私は、ある程度信じてしばらく通うことにしました。ちなみに当時の私のように自分の都合にとらわれすぎたりせず、それなりに真面目に生きようとしている人たちには厄介な悪霊は関われませんから、さほど心配することはありません。ただ、なぜ真面目なのかは分析した方がいいと思います。発想が人の目や評価を気にしていたり、悪く言われたくないとか完璧主義だと意識を磨いた方がいいでしょう。

人はもって生まれた自分の都合の種類や強さに反応して悪霊を呼んでしまい、憑依を受けるような可能性も出てくるのです。これは物質的な世界である人との出会い、関わりもそうで、根本的な部分についての同じ思いのエネルギーが引き合うわけです。悪霊の世界も人間の世界も厄介な存在はそれほど多くありません。でも、もし厄介な悪霊に関わると魂の救済はかなりの時間をかけても困難になります。私たちに初期段階で関わってくる悪霊というのは自分の都合や悪意が小さくて、もし生まれ変わったとしても神界から見て魂の向上の可能性がまったくないもの。つまり、念が弱く、生まれ変わったとしても悪い方にしか生きられないものたちで影響力もほとんどありません。

とはいえ思考パターンに含まれるその小さな悪霊は、自分の都合に溶け込むように同化していきます。自分の都合というマイナスのエネルギーと向き合い、減らさない限り、それは時間とともに増えていく可能性しかありません。悪霊とはもともと人間であり、自分の都合に囚われ続けた結果、少しずつ通らなくなり、不平不満も増えていき、結局裏目に回って悩みや悲しみ怒り、苦しんだ記憶の記録の塊のようなものなのです。

ちなみに不慮の死を迎えた場合は脳が止まった時の感情が強く記録される事も多く、水死や凍死だと寒い、つめたい、苦しい、焼死だと熱い、苦しい、などと言い続けてその感覚のままでさまよい続けることになるのです。

第4章　心の世界の法則と秩序

01　真理とは心の世界の法則と秩序である

心とは自由と責任のエネルギー体であり、生まれ変わりの世界に戻り続けられるのなら、ある意味永遠の命といえるでしょう。心とは魂であり霊体そのものであり、これを受け入れるとさまざまな謎も解けてしまいます。

霊的なことを受け入れられる人はかなり少ないと思いますが、ひとつの大きな仮説として神や善霊や悪霊の関わりを理解してみてください。それこそすべての現象には原因も理由もあり、心が放っているエネルギーがすべてを決めてしまうということ、私たちが生かされているのはどんなエネルギーを放ってきたのかという、完璧な自己責任の世界であることがわかってもらえるでしょう。私たちが生きる世界に実は理不尽なことなどないことがわかるのです。生きている間、つまり脳と繋がっている時にしかまず心は磨けないのです。

誤解のないよう言っておくと、心の磨き方、鍛え方を身につけられるかが一番大事なことで、霊の存在を信じるかどうかは二の次なのです。ただ、誰も逃れることのできない心の世界の法則と秩序、つまりは「真理」を正しく深く知るために、心が放ち続けるエネルギー、霊的エネルギーの関わり合いを理解するほかありません。

02　霊は万物に宿る

これから少しでも霊性への抵抗感が減るかもしれない、いくつかの事例を話してみたいと思います。笑うことで癌が治ってしまったという話がありました。あれは集英社の『BART』という雑誌に載っていたもので、同じ時期にはある科学者の特集がありました。

それによると、モミジの葉を特殊なカメラで撮影したとき、葉の形をなぞるように光の帯が写りました。そして葉の一片をちぎっても、光の帯はそのままもとの形のままだったそうです。さらに驚くことに、葉をちぎったときに人には聞こえない周波数の音を出したそうです。そして何人もいたなかで、ちぎった人が近づいたときだけまた音を出したといいます。

これは何を意味するのでしょう。光の帯が霊体そのものであり、一片の葉が異常もしくは痛みを感じたということ、そしてちぎった人固有の周波数もしくは波動を認識し、記憶し、反応しているということです。目も脳も持たない一枚の葉っぱがです。

これは霊体と、植物や動物という物体が繋がったときに命となり、それはある種の磁力を伴うということです。バスや電車の切符の裏に塗られた磁性体が情報を記録しているのと同じで、脳だけが記憶するのではなく霊体にもまた記録されてしまう。人が死を迎えるとき、よく「走馬灯のように記憶が蘇る」というのは、脳から霊体に記憶が正しく転写されていることをいうのだと思います。これは地球そのものが大いなる磁力に包まれているからであり、そこにありとあらゆる命が育まれているのではないでしょうか。

石垣などを造る石工のなかには、まるで石と会話ができるような人もおられるそうです。こうして見てくると、万物に霊は宿るといわれるのも本当だと思いませんか、だからこそ、音楽を聞かせたり、愛情をかけると脳をもたない花や木でも元気になるのだと思えませんか。

03　感性や感覚、価値観のクオリティが人生を決めてしまう

世の中にはまた、母親の体内に入っていく記憶をもつ子どもがいますが、それもなんら不思議ではないと思います。ただ、これは特殊な例で、霊体の記録は消せなくても脳に繋がる記憶は基本的に消されるようです。心、魂、霊体には、前世までの記録が刻まれてい

て、それが放つエネルギーにふさわしいエネルギーを放つ両親のところに導かれ、引き合い、人は生まれるのです。自分の課題が見えてきて、それを磨けるようになるほど、なぜそこに生まれたのか心から納得できると思います。それだけではなく、いい出会いも悪い出会いも自分の心が放ち続けるエネルギーによって導かれ引き合うのです。

生きているということは霊体が肉体と繋がり、脳というコンピューターを使えるということなのです。コンピューターが脳であり、それを起動するのかどう使うのかを決めるのが心―霊体であるというイメージです、つまり脳だけで考えて生きているのではなく、心が思考の基準であり、その行き先を決めてしまう。感性や感覚や価値観などのクオリティが、人生を決めてしまうことを知るべきです。

04　心の質を上げることで、どんな結果も楽しめる心になれる

自分の都合に囚われた発想のとき、そこにまさに「思考の壁」が生まれます。上手くやりたいとか上手く生きるという価値観を固定観念にし、それが思考の基準となり本来考えるべきことに気付けなくなるのです。これが不運の始まりであり、自分の都合というマイナスのエネルギーを放ち続けることになります。これにより、不都合が起こり出すと、人

は不安や悩みや怒りや苦しみに囚われていくのです。上手くやりたいと思えば思うほど、その裏に不安や恐れを抱え、自分が優れていると思えば思うほど、その裏で失敗や劣ることへの不安や恐れを抱えてしまうでしょう。

最も理想的なのは、自分の意識はあくまでも普通に近づくことで、余計な思いに囚われない心に近づいて、良いエネルギーを放ちながら行動や努力をして結果を楽しみにすることなのです。こんな人のことは、応援したり手助けしたくなりませんか。人間の世界と同じように、クオリティの高いエネルギーには神界側の善霊や指導霊が寄って来て繋がれるようになり、自然に幸運に恵まれるのです。自分の都合を減らせたぶんだけ無意識のクオリティが上がり、コントロールする必要のない心を目指すことで、本物の自由に近づいていけるのです。

身近な面でいえば、リラックスしていると良いインスピレーションが下りてくるというのがそれに当たります。スポーツなどでも勝利の女神に恵まれるというのはかなりまれで、実際のところは萎縮や緊張や焦りや怒りなどのマイナスのエネルギーに多く囚われている方に、不運が引き寄せられて相手側にツキが回ってしまうのです。だからこそ、どんなに追い込まれても萎縮や緊張や焦りや怒りなどを感じにくい心にしていくことが、真のメンタルトレーニングになります。ただし、表面的でも自分の都合から離れた時は幸運も起きやすいし、良く身体も動くという事もあり、逆に囚われるほど動けなくなります。ただ思いの強さに頼る方法もあり、憑依というマイナスのエネルギーが少ない間はこちらの方が有利になる事も多いのです。

勝敗は結果であり、それにどれだけ囚われずに今するべきことに集中して楽しめるのかが大事なのです。極端にいい時や悪い時にその人の本性が出てしまうわけで、この本性のマイナスの部分にメスを入れられてこそ、初めて本格的に心を磨き鍛えられるようになります。これぞまさに「魂レボリューション」ともいえるのです。結果をワンセットで発想する癖が厄介ですが気長に楽しめるといいのです。結果に含まれる自分の都合が貯まると裏目に回ります。恋愛や結婚や仕事、つまり人生も同じなのです。

どんな時も自分の都合の少ない発想で思考や行動や失敗さえも楽しめるなら心のクオリティが高い方だと思います。本来考えるべきなのは不都合を有効に活用し、いかに上手くやろうかという感覚、上手くやるためにはという発想を減らせるかということなのです。これが本当の心の磨き方、鍛え方であり、これができるようになって初めて心の底から不安や怒りや苦しみなどのマイナスの意識を減らせます。少しずつ心の自由度が上がり、来たるべき現実である結果を少しずつ楽しめるようになるのです。違う言い方をすると現実とは己を知るため、心を知るためにあるのです。

05 思いの力はほどほどに、自分の都合は少ないことが理想的である

よく言われる真理に「人事を尽くして天命を待つ」がありますが、このひと言をどのレベルまで理解しているか考えてみて下さい。さらに、できるだけ深い本心を感じてみて下さい。本当に優れた人ほど発想の中に守りの意識が少なく失敗の価値を知り尽くしているのです。だからこそ思考の壁も少なく、大きく考え自由に動ける。その結果として、訪れる幸運こそが本物というわけです。逆に守りの意識が高い人ほど動きは悪くて、特徴としては簡単に裏切りやすいのです。

思いの力というのは確かにあります。植物が種子を広くばらまくために風や虫などを上手く利用できるようにするのもそうですし、水中の生物が陸に上がりたいと進化していったのもそうなのです。そして、強く思えば願いが速く叶う可能性が高まるのも事実です。このように、現実には思いの強さによって導かれる幸運がほとんどなのですが、半面、その思いの強さのぶんだけさまざまな自分の都合という不運の種が強めに入り込んでしま

う。上手くいけばいくほど思考パターンを変えられなくなり、時間とともにマイナスのエネルギーが増えてしまい、上手くやるためにはという発想に囚われ続けて、いずれ裏目に回ってしまうのです。

上手くやりたい、守りたい、愛されたいという思いも、結果を自分の都合に合わせたいという、現実を操作するようなエネルギーを含んでしまい、それが蓄積した分だけ、裏目に回ってしまいます。これは心の世界の法則と秩序、つまりは完璧な愛と肯定以外のすべての思いに一貫し、大きな軸となるものです。

06　悪霊は思考停止や停滞を好む

少し考えてみるとわかるはずですが、思いの強い人ほど行動も努力も少ないと思いませんか。もう少し深く考えると、もし行動も努力もしたくないなら体などいらないのではと思えてきませんか。これは極端な話、思うだけで動かず、思い通りにしたいというエネルギーであり、まさに本物の悪魔のエネルギーの本質にして素質です。思うだけなら証拠は残らず１００パーセント責任はないという意味もあり、行動や努力を軽んじ馬鹿にする意味もあるのです。神はすべてを生かそうとしますが、悪魔はすべてを利用するのです。

神道では、神か悪魔かを見分け判断する審神者《さにわ》という職があるのですが、心の世界の法則と秩序をとりあえず頭だけでも理解できれば、それは誰にでも見分けられるようになります。

神も悪魔も人を救い助けるという範疇においては同じような力をもちますが、神は力を使えば受け取る側に心のクオリティに応じた歪みや澱みを与えてしまうからこそ、あからさまに助けたり救ったりしないのです。

逆にいえば、悪魔は行動や努力より先に救い助けるという目先の安楽を与えることで神のふりをすることもあります。そうした相手に信じ込ませ、学びの力を少しずつそいでいくことで、より自分の都合に執着させるような思考停止や停滞を好むのです。

07 まずは自分のすべきことを為す

よく人を救いたい助けたいという人がいますが、これも固定観念にしてしまうとあまり良くはありません。あくまでも自己責任として心のクオリティを上げていくことが先であり、これができれば自然に周りの人たちへの本当の意味での魂の救いや助けになりますし、最も自然な流れとしての魂のレベルアップに繋がるのです。

自分の心のクオリティを上げることなく人を救い助けるということは、自分のするべきことから目をそらして、ごまかし続けるというエネルギーを増やしてしまいます、さらにいいことをしているという自己満足のエネルギーや、いい人と思われたいというエネルギーも増やしてしまうのです。少しでも磨き鍛える事が前提の生まれ変わりの世界では、磨きたくないも自分の都合になってしまうのです。

前述したように人を救いたい、助けたいと考えている人が多くいても、心を磨けていない状態のため、この世にはこうした思いに反応する悪霊が最も多く、相手や自分が病気になったり事故に遭ったりする可能性が増えていきます。憑依している悪霊からすると、もっと救いたいんだろ、助けたいんだろ、というような状況に引き込んでいくわけです。

いいかえれば、これはすべてが腐る方に向かうわけで、自分をダメにして周りもダメにする。そうではなく、発酵を目指すこと、自分を生かして周りを生かすこと、自分の心の磨きを優先することが自然と周りの人の助けになるのです。

08　人間は神性と魔性を併せもつ存在

神界側は一人ひとりが心を磨き一歩でも近づけるかを見ているわけで、より良く生きられるように成長していきなさいという愛を放ち続けています。できるだけ深い学びを得られるように、最低限の手助けをするくらいなのです。ただ神に近い善霊や指導霊はたくさんいますから、彼らと繋がれるように心が放ち続けるエネルギーのクオリティを上げていくことを勧めてくれています。

これは何よりも心の成長が大事であり、意識が変われば見える世界も変わっていき、自分の周りを少しずつ素晴らしい世界にしていくということなのです。

結局は、神の意識に少しでも近づくことが、後に転落することのない上がり続ける人生に繋がるわけで、これこそ「神ながらの道」といい神道となるわけです。無理な話ではありますが、磨くべき意識が一切なくなれば、まさに神の意識と同化するわけで、生まれ変わる必要もなくなる、というより生まれ変われなくなるというべきでしょう。

ある意味面白いと思うのですが、神に近づきすぎても悪霊化しても、どちらも来世はないわけです。つまり人間は何割かの神性と魔性を併せもち、なお魔性を磨く可能性を少しでももち合わせているかどうかを、生まれ変わりの世界に戻れるかどうかの最大の条件としています。生まれる前に一歩でも意識を磨くという約束が本当の神との契約なのです。

第5章　心を磨くためにすべきこと

01　本当の無敵とは力ではなく愛を増やす事

本当の心の強さとは何か。多くの人が思い違いしているのが格闘技などで相手を倒す強さや悪者を倒すような強さで、わかりやすい強さではあるのですが、自分より外に攻撃のエネルギーを放つということは、それがどんなに善に思えても、どんなに正義に思えても必ず何割かのマイナスのエネルギーを含んでしまいます。少しでもマイナスのエネルギーを減らして不運や不幸を小さくしていくことが本当の強さに導くのです。前世で戦った人は課題として持っていますからある意識のレベルまでは戦うことでしか学べない事も多いのです。

攻撃することでその場をしのぎ、解決するという思考パターンが癖になり、それが少しずつ蓄積して大きくなったときに、病気や怪我という形で倒れることになるのです。攻撃の意識に潜むさまざまな自分の都合が裏目に回るわけで、これもまた自己責任となります。復讐するのも悪ですが、復讐しなければならないような状況になったこと、その人と関わるエネルギーを増やした事が不徳の致すところであり、抱いた時点ではなくそのエネルギーを持つ時点から始まっているのです。

攻撃されたからとか、命の危険を感じたから攻撃するという正当防衛もまた心のエネルギーの世界においては悪となります。どんな理由があっても、それが批判や誹謗や中傷だけでも、攻撃のエネルギーを含んだぶんだけ悪というマイナスのエネルギーを放っているわけです。

もちろんこれは心の中にある攻撃性においての悪ですから、心の中の何割かが悪のエネルギーであることになります。本当に優れた格闘家やアスリートの人たちは、攻撃性より自分自身の魂との戦いが多く、相手に対する敬意も多いのです。攻撃性を含めてすべてのマイナスのエネルギーを増やすような強さはいつか裏目に回ってしまう可能性があり危ないものといえるでしょう。

つまり、この逆となるマイナスのエネルギーを減らすことこそが、本当の強さにたどり着く唯一の道なのです。たとえば真っ直ぐ生きられるように、またするべきことができるようになるには失敗を恐れない心に近づけていけばいいのです。ただ失敗を恐れないと「思って」いるようでは駄目です。それでは脳による意識のコントロールになります。失敗を恐れるということもまた余計な意識であり、守りの意識であり、傷つきたくないという意識も含まれています。失敗を想定するエネルギーや、傷つかないように先手を打って守ろうというエネルギーも含んでしまうのです。結果をワンセットで考える癖を修正すること、結果は後からついてくるという意識を目指すのです。そのためには失敗したときを十分に分析することが大事です。どんな気持ちになるのか、どんな意識になるのか、それはどんな思いが裏目に回ったのか、失敗から余すところなく学べるようになれば失敗もまた良しとなります。

さらに心のレベルアップを実感できるようになれば、失敗をも楽しみ喜べるようになるのです。こうなることが、本当の意味で失敗を恐れない心になるのです。

同じように、何に傷つくのか、なぜ傷つくのか、傷つくことから余すところなく学べるようになれば、傷つきたくないという無駄な固定観念は減り続けて、傷つかない心になれます。こうなることで本当の心の強さを得ていくのです。いいことも悪いこともすべて受け入れられる心、守りの意識で構えない心となるのです。

圧倒的な力や攻撃力で刃向かう敵をなくす無敵は、自身の心に攻撃することで解決するという悪を含んでしまいます。そこには思考の軽視と何一つ学べないという悪が含まれるため、いずれ必ず限界がくるのです。本当の無敵は心を磨き鍛えることで敵を減らすこと、敵意をなくすことなのです。すべてを肯定できるようになる事です。

02 自分の都合に固執せず、クオリティの高い愛を育てよ

自分の嫌いな人を嫌いと思う量を少しずつ減らせるように、感性や感覚を磨き鍛えることが大切です。嫌いの量を減らせたぶんだけプラスのエネルギーが増える、つまり少し他人に対する愛が増えるわけです。実は、嫌いと思う人ほど心を磨き鍛えることにおいて、深い学びを得られます。嫌いな人が自分と同じ課題を意識の深いところにもっているからこそ、引きあって関わることで自分の課題や弱点をあぶりだしてくれるわけで、それを生かしてこそ最もプラスのエネルギーが増え、他人に対する愛が増えるのです。

家族や友人、好きな人に愛を放つのは普通にできる人が多いのですが、その愛にも、どれだけ自分の都合を含ませているのかというクオリティの問題があります。

恋愛や結婚も、はじめのうちは喜びや互いを大事にする思いから、合わせにいったりいろいろな思惑を抑えて脳でコントロールして上手くやろうとします。でも、慣れてきたり思惑が外れてくると、抑えていたさまざまな自分の都合が表面化してきて、それが

ぶつかりだすのです。この自分の都合に気付き、その強さを自覚して少しでも弱めていければ正解で、これができるとかなり事態は好転していきます。これが本人だけでなく、相手や周りの人の学びになれば大正解です。相手を変えようとするのではなく、先ずは自らを変えていく事で好転する事も多いのです。目先の楽よりは結果的に楽になる事を目指しましょう。

恋愛、結婚、嫁姑、親子、友人、仕事関係、さらには犯罪などすべての出会い、関わりの縁とは、心が放ち続けるエネルギーの引き合いによります。いい出会いも悪い出会いも、その時点で放たれているエネルギーにふさわしいものであり、それを人は運命と呼ぶのです。これもやはり自己責任となりますが、その時点から心の学びを得るには最適なものでもあるのです。そのまま自分の都合に執着し続けるのか、本来の理想である自分の都合を減らして心のクオリティを上げていく生き方をするのかが、問われているといえるでしょう。

03　外ではなく自分の内を優先して戦うべき

いずれわかるようになりますが、他人に対する愛が希薄な人ほど重症化してしまいます。鬱などを含むすべての病気も怪我も、その他の不運や不幸もです。自分の外と戦うのではなく、自分の内と戦うべきなのです。違う表現をすると、どんなに小さなものでも自分の都合こそが悪の始まりであり、自分の外の悪を滅するのではなく、自分の内の悪を滅するべきなのです。傷つきたくないという思いが強い人ほど、事も大きくなり、深く傷つきます。傷つきたくないという思いのエネルギーが蓄積して、裏目に回り出すから余計に傷つき苦しみにとらわれる人生になるのです。傷つけずまた傷つかない心を目指すこと、意識で守らず、責めずの意識を目指すことこそが生かされる本来の目的であり意味なのです。これは心の中の調和を目指した方がいいですよということであり、「和を以て貴しとなす」のひと言に含まれている最も大事な真理なのです。心の調和が崩れていなければ、加害者にも被害者にもならないわけです。

そもそも心は一人ひとり容量が決まっていて、いいエネルギーを放ちながらいいことをしても、まわりには愛や幸せとして広がりますが、自身の心のプラスのエネルギーは増えません。それを増やすには、心に潜んでいるマイナスのエネルギーを減らすしかないのです。そのぶんだけ、プラスのエネルギーに変換されていくわけです。

日常のなかで感じる、どんなに小さな不都合をも有効に活用していければ、そして本当に心を磨き鍛えられるようになれば、結果的に心にゆとりが増えていきますから心の底から笑えるように楽しめるようになります。笑いにも楽しみにもクオリティがあり、本音や感性や感覚がレベルアップしていきます。心のポテンシャルが上がるのを実感しながらその結果として導かれる幸せや成功のみが、本道なのです。

　現状でよく聞く、思いの強さに頼るような努力の仕方は間違いで、これは楽に手っ取り早く思い通りにしたいというエネルギーを含んでいます。とりあえず自分がいい思いをしたい、優れたい、認められたい、などの小さな自分の都合を含みやすく、これらがいずれ裏目に回ってしまうのです。あと一歩のところで足をすくわれますし、またある程度の幸せや成功を手にした後で裏目に回ってしまうことが多くなります。

　思い通りにしたいというエネルギーが裏目に回れば、どうなるのか。思い通りにならない状況になる、思い通りにならない体になる、病気や怪我に陥る可能性が高まるのです。ほどほどの思いの強さで、行動や努力が勝る方がいいのです。これもまた結果に囚われずに行動や努力を楽しめるようになること。今すべきことに集中すること。今の大切さを感じること。本道を目指して心を磨き鍛えられる喜びや楽しみを実感できるようになれば、それこそ自分の力で素晴らしい人生にしていけます。

04 守りたいという意識に潜む〝自分さえよければいい〟が裏目に出る

私が特に危険視している「守りたい」という意識について伝えたいと思います。単純にこの思いが裏目に回るとどうなるのでしょう。見聞きした話なども含めて、思い当たることはありませんか。それは、守りたいという思いをエスカレートさせるしかない状況に追い込まれるとか、結果的に守れなかったということに繋がるのです。もちろん目の前で事が起きて、無意識に守ろうとするのはまだいいのですが、何も起きていないのに先手を打つように守りたいという意識に囚われるほど危険性は高まります。守りたいと思った時点で、この先何か起こるのではないかという設定のエネルギーを含んでしまいますし、それに対しての不安や恐れの意識のエネルギーも含まれてしまうでしょう。さらに不都合は排除したいという、より危険なエネルギーまで含んでしまうのです。

ひとつの例として過保護があります。大体想像はつくと思いますが、やがては親も子も行くべきでない方に落ちていき、お互いに何も学べず苦労していくばかりになるでしょう。守りたいという意識に、どれだけ自分さえ、自分たちさえよければいいという思いのエネルギーが含まれているかによって、不都合の大きさも変わっていきます。たとえば癌や原因不明の深刻な病になったときには、なぜ自分がこんな目にあうのかと苦しむでしょう。これなどまさに、自分さえよければいいという思いのエネルギーが裏目に回ってしまったわけです。

ただ、守りたいという意識を一切なくすことは、キリストのような意識レベルでないと無理なことでもあります。私自身も遠いレベルですし、事が大きくならないようにある程度のレベルまで減らしましょうということなのです。

05　本当の意味の〝守る〟とは何か

人は上手くやるために、また楽をするために生まれてくるのでしょうか。人より優れるために、また人よりいい思いをするために生まれてくるのでしょうか。それでは自分の都合が目標になりませんか、ということです。このような発想を心の奥に抱えたまま、心など磨かなくても何とか上手くいくのではないかという生き方をしていないでしょうか。それこそが、悩みや苦しみの、そしていずれ訪れるであろう不運や不幸の原因となるのです。

断言しますが、人は幸せなときには心は磨けません。不都合が起こり、意識がマイナスになるときしか心は磨けないのです。不都合を遠ざけ、排除するような守りの意識とは自分の都合でしかないわけで、自分を守っている人ほどすべてにおいて動きが悪くなります。

周りも見えなくなるし、簡単に人を裏切るようになり、人に犠牲を強いるようになります。不都合な事が起きてもいないのに、意識で不都合から守れば守るほど心の学びは遠ざかるのです。守れば守るほど、その結果として裏目に回ったときにより大きなダメージを受け、何が起きても文句の言えない生き方になるのです。これは、生まれ変わりの世界である神界側に向かって、心―魂に関して何も学びたくないと言っているようなものなのです。

これに対し、守りたいという発想自体をテーマに心を磨き鍛えられるようになれば、意識で守ろうとするほど学べなくなる、目先の楽を選び続けると結果的に厳しくなることが痛いほどわかるようになります。さらに深い域まで守りの意識の危険性がわかるようになれば、守りの意識こそが攻撃の始まりであり、悪の始まりとなることがわかるでしょう。

本当の意味で守るということは、マイナスの意識を減らす⇓マイナスのエネルギーを減らす⇓自分の都合を減らす⇓という心の磨き方、鍛え方を身につけることなのです。不都合を遠ざけるのではなく、不都合こそ大事にし、分析して学びに生かしていくべきなのです。

06 自分の都合が通らないから、悩み、苦しむ

しかし、人間には自分の身を守るという防衛本能があります。それでも守りたいという

思いは、発想が傷つき苦しみたくないからが多いのか愛からが多いのかにもよります。

実は、「動く」ということはかなり大事なことで、そのために人間は体を与えられて生かされていると思うべきなのです。遊びや恋愛や結婚も仕事も、すべてにおいて「動く」ということは意志や意識の現実化であり、その時の発想や結果に対する意識、つまり心の中のいい面も悪い面もあらためて感じられるものといえます。

上手くいかないから、失敗するから、傷つきたくないから……動かないという人が多いと思いますが、この時点からすでに躓きの人生が始まっているのです。

「動く」前にどんな思いや感覚に囚われるのか、「動いている」ときにはどんな思いでどんな感覚なのかを、どれだけ感じ取れるのか注意してみましょう。そこでは、自分の都合がそれなりに多くありませんか。自分の都合が通ることに喜ぶ人は多いですが、これは麻薬のようなもので、通れば通るほど自分の都合を通すためにという発想から抜けられなくなります。この時点でそこそこ憑依されているのにもかかわらず、その発想がエスカレートしているのに気付かず、同時に裏目に回るかもしれない不安や恐れを抱えてしまうのです。これが萎縮や緊張や焦りや力みの原因であり、さらには怒りや苦しみ、さらには攻撃する原因となります。つまり自分の都合を多く強くもっている人ほど、結果に囚われて今この瞬間を楽しめなくなりますし、動けなくもなるのです。たとえば、好きなことを仕事にするとかえって辛くなる、というのはまさにこういうことなのです。

悩みや苦しみなどは自分の都合が通らないからであり、裏目に回り出しているからでもあり、実はさまざまな自分の都合を少しでも減らすという本当のメンタルトレーニングをした方がいいというサインであること、それが人生の分岐点になることを知るべきでしょう。自分の都合を減らすほど発想のクオリティが高くなる、思考も柔らかくなる、体もよりよく動くようになります。もっというと、どんな現実も楽しめるようになる——ということはよどんだ時間が減り、楽しい時間が増えて人生も素晴らしいものになるのです。心から笑えないとき、心から楽しめないとき、悩みがあるときなどにも、本当のメンタルトレーニングができるようになれば、人生は大きく好転していきます。

07　死を受け入れる心と見返りのない愛があれば、癌さえも治る

私自身が、生き方を１８０度改めて心を磨くしかないのかと思い始めた35年ほど前、ある雑誌で中国地方の病院に高齢の末期の肺癌患者がいて、孫娘が見舞いに来ると少し症状がよくなることに担当医が気付いたとの記事を見つけました。できるだけ毎日長い時間を

過ごすようにしていると、癌が治ってしまったというその記事を見て、改心のひとつのきっかけになったのを思い出します。

この後、少しずつ笑うことが癌にいいと証明され、吉本興業と観光バス会社がタッグを組んで笑って治そうバスツアーみたいなことをしていましたが、あまりいい結果は得られず、しばらくしてなくなったようです。

私にはその理由がよくわかります。件の肺癌患者の場合、末期であるがゆえにあるレベルまで死を受け入れることができた。つまり心に潜む自分の都合というマイナスのエネルギーをあるレベルまで減らすことができたわけで、笑いのエネルギーのクオリティがあるレベルまで高まったということなのです。

さらに大きな理由は、ただでさえ孫娘であるがゆえに見返りの意識のないクオリティの高い愛を放つことができた。その状態を長く持続できたから、さらに愛のクオリティを上げられたという点です。

自然の流れというのは実によくできていて、恋愛や結婚で愛を知り磨ければよし、さらに子どもも生まれて深く愛を知り磨ければよし、体も弱りやすい晩年に孫が生まれてさらに深く愛を知り磨ければ大往生となるわけです。

08　心の調和を目指し、守らず責めずの意識に近づける

守りたいという意識に、思い通りにしたいという意識や傷つきたくないという意識も多くなれば、事故や事件に巻き込まれたり、事故や事件を起こしたりします。ただ、いきなり大事になることは少なく、小さな不都合を見逃したり受け流し続けること、そして原因となる意識を磨けずに放置してしまうと、事は少しずつ大きくなってしまうのです。学校や会社などで、小さな問題を放置することで事態が大きくなるのと同じです。

意識を磨こうと思えるなら、不都合をできるだけ大事にして向き合うしかありません。もちろん普段は楽しく生きるべきで、不都合や心のレベルアップをも楽しめるようになれば、人生において不運や不幸は小さくなっていきます。

とはいえ、この守りたいという意識は人間にとって最も強く大きな壁のひとつといえるわけで、かのキリストは自己犠牲ではなく何ひとつ自らを守らず、つまり誰ひとり責めずに死を受け入れたからこそ神となるわけです。心のエネルギーの法則と秩序を理解できれば、守りの意識からこそ攻撃が始まるとわかります。つまりすべての悪の始まりは、守りの意識からなのだとわかるのです。

最善の生き方とは、守らず責めずの意識を目指すことにある。これこそが心の調和を目

指すものであり、まさに「和を以て貴しとなす」のひと言に含まれる大きな真理の柱なのです。聖書や経典で真理を解明し尽くそうとして莫大な情報を得るよりも、この一言で事足りるというわけで、実は物凄いことなのだとわかると思います。

09　結果に囚われずに愛のクオリティを高めることが、美と健康に繋がる

もうひとつの大きな壁である、愛についても伝えておきましょう。愛の意識においてどれだけ自分の都合を含んでいるのか、考えたことのある人はあまりいないのではないでしょうか。実はこれこそが、人生のすべてを左右するものであることを知ってほしいのです。

一般的に恋愛や結婚で女性はキレイになりますが、多くの人はそれを愛されるからだと思っています。でもそうではなく、それなりにマイナスのエネルギーを含みながらも、その時点では自らも愛を放つからこそキレイになるのです。あまり好きではない人に愛されてもキレイにはならないでしょうし、一方で子どもができたり生まれたりするとキレイになります。さまざまな自分の都合や思惑を愛の意識から減らすということは、より良く生きられるようにという、神の愛のエネルギーに近づくものなのです。だからこそ、できるだけ結果に囚われずに自ら愛を放てるようになるということは、それだけ生体エネルギー

を上げることになります。いい細胞を活性化させ、自然治癒力も免疫力も運までもが上がるわけで美容と健康の根幹になるのです。その意味で「病は気から」というのもまた真理のひとつなのです。

10　見返りを求めない神の愛に近づくことが心の成長に繋がる

ありがたいことにキリスト教は神の意識を解明しています。それは愛と肯定の意識です。神の愛とは見返りを求めないものです。それは、嫌われようが馬鹿にされようが憎まれようが変わらない愛を放ち続けるというもので、信じてほしいも愛されたいもありません。ただ、より良く生きられるようにという愛をひたすら放ち続けています。

これは心の調和、つまり本当の学びである心の成長を促していて、神の意識に少しでも近づいたほうがいいですよということなのです。神の肯定というのは、どんな考え方も生き方もそれにふさわしい自由と責任がついて回りますから、好きなようにしなさいということで最終的にどんな結果になっても、人の道の学びの役に立つということなのです。

11　心の世界には〝自由〟と〝責任〟しか存在しない

キリスト教圏の文化として素晴らしいと思うのはイエスバットの精神で、会話が否定から入らずに肯定から入ることだと思います。これはなかなかなことで実は自己解放を勧めているのです。この愛と肯定を深く理解できれば、ギブアンドテイクも正当防衛も、それぞれに間違いを含んでいることがわかります。

この二つにも、自分の都合や人間一般の都合が含まれてしまいます。それどころか、私たち人間がつくり上げてきた常識にも法律にも同じことがいえます。さらに深く理解できれば、心の世界には権利という概念はなく、あくまでも自由と責任しかないこともわかるようになるでしょう。これこそが、すべての社会的な問題の根本的な原因であることを知ることが大切です。

世の中が便利になればなるほど人の心は感謝が薄まり、思考も浅くなることで劣化しやすくなります。個人として優れた人は多くいますが、社会全体としては少しずつ劣化していると思います。人間の理想に合わせに行くのではなく、人間の理想に近づくために、ひとりでも多くの人が本筋の道を進めるようになること。その結果として周りの人たちを救い、助け、守れるようになるというのが理想的であり、民主主義をより完璧に近づけるものになります。マイナスのエネルギーを最大限に遠ざけ、はねのける唯一の道なのです。現代人にとっては厳しく感じると思いますが、心の世界の善悪の基準とは神の意識そのものなのです。

ただ実際には、この領域に達するのは無理難題ですし、そこまでやる必要もありません。私自身も無理をして神界に近づこうとするよりも、人間として生かされる方が面白いだろうと思っています。何か不都合があるときに、少しでも原因となる自分の都合を磨き込む。自らの心が放つエネルギーをできるだけ劣化させないように、少しでもレベルアップさせることが望ましいのです。

12　愛のクオリティを上げるには、自分の都合を減らすことが大切である

話が少しそれましたが、愛について――これは課題の宝庫といえますし、結果的に自らすすんで恋愛や結婚において悩み苦しむように生きていることに気付いてほしいのです。

どう思われているかとか、愛されたいとか、幸せにしてほしいとか、浮気は許さないとか、楽がしたいとか、うまくやりたいとか、思い通りにしたいとか、傷つきたくない、守りたいなど、あらゆる面に心を磨き鍛えるための課題がすべて含まれているのです。これらの小さな自分の都合が裏目に回ったとき、どうなるのかは想像できると思います。これらの小さ

な自分の都合に執着してしまい、取りつかれたようにその思考パターンから抜けられなくなる。ある意味思考停止しながら、延々とよくない方にしか考えられなくなる。これが少しずつ不運や不幸を大きく育ててしまう。実は、犯罪を犯す人もまた同じ思考パターンなのです。自分の都合に執着して、それが思考の基準となり、その発想に囚われた行動しかできなくなる。自分の都合が多くて強い人ほど、他人に対する愛が希薄になるのです。

自分の都合に取りつかれるということは、他人の存在が軽くなるということで、自分の都合を磨き鍛えるということは回り回って関係のない他人に対する愛までも磨いてしまうのです。よく、恋愛の愛と結婚の愛は違うといわれていますが、それは間違いであり、恋愛や結婚において相手や周りの人と問題になったりしたとき、その感情はまったくの赤の他人に対する愛のクオリティが基準になっているのです。

生きていくうえで、本来の理想である心を磨き鍛えること。本当のメンタルトレーニングをすることとは、心に潜んでいる自分の都合を減らすことであり、これこそがダイレクトに人に対する愛のクオリティを上げることになります。心が放ち続けるマイナスのエネルギーは減り、そのぶんだけプラスのエネルギーが増えるのです。自分の力で不安や不満や怒りや苦しみなどは減らせますし、そのぶんだけ本当の幸せがわかるようになります。

できる限りこうした生き方をすることが、神の意識を目指すことになり、神への道を行くことになり日本古来の宗教である神道へと通じるのです。

あるレベルまで心を磨き鍛えられたときには、真理というものが明確になります。そのうえで聖書や経典に触れると、それらは真理を言葉で説明しつくし、解明しようとあまりに膨大な情報量になったことがわかります。それに対し、真理を理解したうえであえて「和を以て貴しとなす」のひと言に触れると驚かれるでしょう。ある意味、神道はこのひと言で真理を知らなくてもできる人間の理想的な生き方を説いているのです。

13　愛のクオリティが運命を決める

もって生まれた愛のクオリティが高い人は、それにふさわしい良縁に恵まれます。お互いの心が放ち続けるエネルギーの引き合いですから、自分の都合という課題の多さや強さによってそれにふさわしい縁になるのです。どんな人と出会い、関わるのかは自己責任というわけです。良縁の人もそうでない人も、さらに普通の出会いや関わりも、その時々に放たれている心のエネルギーにふさわしいものであり、現状から互いに意識を磨き鍛えるのに最適な人でもあるのです。

第6章　思いの強さと守護霊の関係

01　念の強さは諸刃の剣である

人によって個人差はありますが、思いのエネルギーの強い人、念の強い人ほど上手くいく可能性は高くて、守護霊の力も強い事も多く憑依を受けにくいのですが、力の強いものを呼んでしまうので憑依を受けすぎると非情な厳しい事が起こりえるのです。

たとえば、芸能人としてそれなりに成功している人などは念の強い人が多いのですが、そういう人が子どもを欲しいと思ったとき、その思いが強すぎて裏目に回り子宮をダメにしてしまうようなケースは少なくありません。逆に念の力が強くなければ、そこまでは至らないものの、なかなか子どもができずに苦しみ続ける可能性があります。

不妊症の人は子供が欲しいという念をある程度浄化、つまり一度子作りを諦められれば、さらに愛し合える事を喜び楽しめられれば、居心地の悪くなった憑依霊が自ら離れていくことで嘘のように妊娠することも多いのです。

02 〝上手くやりたい〟という思いを軽減し初心に戻る

好きなことを仕事にすると後で辛くなる、という人も多くいます。でもそれは好きな気持ちを忘れ、楽しむことを忘れて、結果に囚われすぎているから、上手くいかなかったり裏目に回って苦しんでいるのです。

病気や怪我などをして好きなことをできなくなり、そのことにあらためて気付けるといいのですが、そのままいくといずれ大事に至る可能性が高いでしょう。怪我をする、もしくは増えてくるということは意識を改めたほうがいいよ、というサインなのです。

怪我をすると、何事も思い通りにできません。これはつまり、守護霊が間違いに気付かせようとある程度の憑依を受けているものから守る力を弱めて、乗り越えさせようとしている状態です。このまま発想や思考パターンを改められずにいると、頑張れば頑張るほどいずれエネルギーの強い悪霊の憑依を受けて大事に至る可能性が高まっていきます。

なぜ辛いのか、なぜ楽しめないのか、分析していくべきなのです。人事を尽くして天命を待つという真理が実行できていないということ、結果に囚われすぎているということ、つまりは自分の都合に囚われすぎていることに気付かなくてはいけません。

上手くやりたいとか、思い通りにしたいというエネルギーはマイナスのエネルギーですから、これらを含めば含むほど神界側の善霊は助けたくても繋がりにくくなるのです。

本人が放つマイナスのエネルギーの強さ、そしてそれに反応する悪霊のエネルギーの強さ、そして憑依をどれだけ受けるのかにもよりますが、命を失う可能性も半身不随になる可能性もあるのです。そして、半身不随になってしまうと体が思うようにいかないぶん、さらに思いの強さに囚われてしまうのか、それよりも意識をあらためる努力をし、思いの強さにたよることこそ自分の都合であり、うまくやりたい―思い通りにしたいなどの発想を弱めたぶんだけ解放されていくのかということになります。

上手くやりたいという思いと、思い通りにしたいという思いはよく似ていて、重なる要素もあるのですが、上手くやりたいが強い場合は裏目に回って鬱病などの精神病になる可能性があり、思い通りにしたいが強いと裏目に回ってそうできない体、病気や怪我になる可能性があるのです。

思いの強さよりもはるかに行動や努力が勝れば、努力を好む悪霊は少ないので、憑依の危険性は下がります。これも思いと行動や努力のバランスが大事であるということ、つまりは調和を勧める「和を以て貴しとなす」のひと言に含まれている真理です。

03 思いの強さに囚われることが大きな不運を呼ぶ原因となる

悪魔とは、一切の愛のかけらもない100%自分の都合というマイナスのエネルギーの塊ですから、仮に肉体を得たとしても健康的に体がもたず、悪魔にはそもそも憑依などする気はありません。どんなに極悪非道に思えても自らの手を汚すのなら、それは悪魔の領域にはなく、かつては人であった悪霊と本人の仕業ということです。

何がいいたいのかというと、思いの強さに囚われるのは非常に危険なことであり、私自身もそれで厳しい状況に陥ったわけです。できるだけ自分の都合に囚われず、どれだけいい行動やいい努力ができるのかが大きな分かれ道になります。どんな思い、どんな意識のクオリティで努力をするのかが大事なのです。本音や感性に上手くやりたいとか思い通りにしたいというマイナスのエネルギーを含んでいると、かつて同じ思いで生きて裏目に回った悪霊を引き寄せてしまうのです。

04 私たちは守護霊により悪霊から守られている

こうしたことがわかると、臓器移植でドナーの嗜好や記憶の影響を受ける人がいるというのも解明できます。これはドナーの臓器に少なからずその霊体が残ってしまった場合、そして移植を受ける人よりその霊体のエネルギーが強いときに起こります。

これに対し、エネルギーの強さが逆ならば、ある意味少し憑依を受けるような状態になるのです。

臓器移植の場合、これを受け入れた以上しかたないことなのですが、外から呼び込んでしまう悪霊の場合も本人の心のエネルギーが強ければ、憑依を受ける可能性はかなり低くなります。これは、人間が思っている守り方とは少々違い、本人の心のエネルギーの強さにふさわしい守りのエネルギーの強さをもつ守護霊が守っているからです。この場合、本格的に裏目に回る時期が遅くなり晩年まで持ちこたえるのですが、そのぶんいい方に向かう可能性は低くなります。

守護霊は、あえて守らない時期もありますが、本人が少しでも魂の向上に向かえるようにという守り方をしていて、それができるかどうかが守護霊の課題であり責任でもあり、そのあり方は基本的に一生変わることはありません。そんなところへ、もし本人や守護霊のエネルギーより強い悪霊を引き寄せてしまうと、憑依を受けることになるのです。

05 憑依され続けると守護霊の加護を受けづらくなる

それだけではなく、本人が自分の都合に囚われ続けてマイナスのエネルギーを増やしてしまうと守護霊のエネルギーのクオリティとのずれができてしまいます。そのぶんだけ守護霊のエネルギーが届きにくくなり、憑依を受けやすくなるのです。これは心のエネルギーのクオリティが低い人、つまり自分の都合という魔性が多めの人を神界側が助けようがないのと同じことです。

この心のエネルギーの強弱によって、憑依を受けやすい人は幼い頃から影響されますし、受けにくい人は自分の都合に囚われ続けても晩年までもちこたえたりするのです。自分の課題と共に生きる事が理想的ですが、実は憑依と共に生かされているというわけです。

第7章　人生は自己解放することで幸せなものとなる

01　相手を守りたいという意識は呪いに変換されやすい

わかりやすい目安として、依存症にかかりやすい人は憑依を受けやすいということが言えます。ゲームやスマホやパソコン、お酒や麻薬などもしかりです。この心のエネルギーの強弱によって起こる不運や不幸も多く、こうしたケースでは、友人や恋愛、家族やグループ、組織や会社などのなかで、心のエネルギーの最も強い人の思考パターンに影響されやすくなります。

さらに厳しいのは、エネルギーの強い人が引き寄せた悪霊がその人に憑依できなかった場合、そのグループのなかで憑依しやすい人に入り込んでしまうことが多いという点です。恋愛や結婚において、相手が大病になったり亡くなったりする場合もそれが根本的な原因なのです。

また、互いに守りたいというエネルギーを放ち続けると、いずれは自滅する可能性が高まります。守りたいという意識が原因で悪霊化した魂は、裏目に回って悲しみ苦しんだ記憶―記録のエネルギーを放っています。

同じ課題を抱えた憑依霊が少しずつ増えていくことで、守りたいという意識はエスカレートしていき、いよいよそうならざるを得ない状況に引き込まれていくのです。そして憑依を受けたぶんだけ裏目に回り、それに見合ったことが起こり、不安や恐れ、悲しみや苦しみや怒りなどに囚われ続け、かなり非情なことも起こる可能性が高まっていきます。

この状態は、憑依してきた悪霊たち自身の類似体験を再現するように誘導することで、「みんな同じようになるのだから、私―悪霊自身も悪くない」と自己正当化を訴え続けているのです。心の磨き方、鍛え方を頭ではなく心で理解できるようになれば、不都合を分析して心の学びを得ることこそ大事であり、不都合を遠ざけたいという意識で守れば守るほど心のエネルギーは劣化して不運を大きく育てることがわかります。守りたいという意識は実は余計な思いであり、自分の都合であり、結果的には相手を呪っているのと等しいことになるのです。

02 自己解放を志すことで本当の自分に出会える

自分の都合に囚われたぶんだけ、気付かなくてもその裏で、それが通るかどうか不安や恐れを抱えてしまう。それだけ現実も人生も楽しめなくなります。逆にいえば自分を意識で守らない人ほど、自己解放できるのです。スポーツでも、芸能界でも、一般社会でも、自己解放できている人ほど魅力にあふれ、生き方としての流れを自ら創り出しているおかげで、本当の幸せや成功に近づけています。すなわち、ある程度の自己解放ができて、初めて本当の人生が始まるのです。自己解放こそが心を磨き鍛えるため、本当のメンタルトレーニングをするための第一段階の大きな壁なのです。

いい人が早死にして憎まれっ子が世にはばかるのも、やはりこれが原因です。憎まれっ子とは自分の都合を解放していて、人にどう思われるかなどの守りの意識が希薄であり、本来もっているマイナスのエネルギーをただ放っているだけ。そのため、彼らにはそのエネルギーに反応する悪霊しか関わってきません。心を磨き鍛えるなら大きな才能となるのです。

これに対し、本当に心の深いところまでいい人であれば、当然ながらマイナスのエネルギーが少ないため問題の少ない悪霊しか関われません。ところがちゃんと自己解放できず、その分析や修正ができていない、つまりちゃんと心を磨き鍛えられていない良い人が多いせいで、比較優位にある憎まれっ子が世にはばかるのです。目先のより良い結果や現実や本音に蓋をして、本意ではない生き方に合わせてしまう、コントロールや我慢の多い人がいかに多いかということです。残念ながら道徳が裏目に回っている生き方になるのです。

03　本音からいい人になれば、人生は幸せなものとなる

もう少し深く考えてみましょう。意識でコントロールや我慢をしなければならないのはなぜか。それは本音とは違うからであり、その根っこには憎まれっ子と同じような自分の都合を抱えているからにほかなりません。本音に潜んでいる自分の都合のエネルギーに悪霊は反応し、さらにコントロールや我慢に潜んでいる自分の都合にも悪霊は反応します。

その点で、我慢の少ない憎まれっ子よりもいい人に合わせに行く方が、さまざまな思いに対する憑依の危険性があり、それは倍どころではないのです。自分の求めるいい結果に導き、理想に合わせにいくような我慢やコントロールは、心の世界においては誤魔化しでしかありません。明らかにマイナスのエネルギーであり、それに反応する悪霊は数え切れないほどいるわけで、いい人でありたいと思う人ほどコントロールが強い人ほど危ないのです。

結果的に上手くいくのはいいことなのですが、結果を気にして上手くやりたいという思いを含んだぶんだけマイナスのエネルギーを放ってしまいます。結果が後からついて来るのが一番ですから、結果という意識すらなく過程―今を大事にすることを目標にするのが良いでしょう。

いい人になろうとする前に、本音に潜んでいる自分の都合に気付き、それを少しでも減らすことで結果的に理想に近づいていくべきなのです。コントロールなどする必要のない心を目指すことが本道なのです。

これはかなり地道で、慣れるまでは面倒なことですが、だからこそこれができれば関わってくる悪霊の数は激減します。これが真のメンタルトレーニングであり、心を磨き鍛えることになるのです。日常の掃除と同じで日課にできれば、さらに楽しめれば最強ですね。

ここまでたびたび繰り返してきたように、うまくやりたいという思いも、思い通りにしたいという思いも、自分の都合でありマイナスのエネルギーです。これこそが鬱病やその先にありうる自殺の根本的な原因となります。たとえ霊的な事を度外視して単純に考えても、本音を解放できないことで多少のストレスを抱えます。我慢はストレスそのものであり、意識のコントロールもまたストレスに繋がってしまうからです。

裏目に回ってしまった原因となる自分の都合を減らしていくことで、心の中の不安や恐れ、悲しみや苦しみや怒りなどが減っていく。結果や現実を楽しめるようになる。他人に対する愛が増える。心のクオリティが上がる。運や生体エネルギーも上がる。自然治癒力も免疫力も上がる。薬や化粧品などのデバイスに頼らない、根本的な健康や美容に繋がるのです。

第2部　ある女性の念との対峙がもたらした心の成長

——体験編——

第8章　浄霊とは何を目指し、どう行うのか

01　浄霊のための初めての施術

ここからは、先に少しだけ触れた私自身の体験とその後を通じ、心の磨き方と鍛え方、本当のメンタルトレーニングのあり方を具体的に見ていきましょう。

前述のように初めて施術を受け、背中の皮が勝手に動き続けるのを感じたとき、これが本当に悪霊の憑依なのかと半信半疑に思いました。強くもなく地味に下からずり上がり、肩のところでとどまるだけです。ただ神殿の前にいる状態も、頭頂部に当てられるエネルギーも、かなり気持ちがいいのは確かでした。帰りの車内で、紹介してくれた知人にどう感じたかを聞くと「神能者といわれる彼女は本物のような気がするけど、事務長という人の目つきが嫌だった」と言っていました。

事務長によると、彼の状態は――

「かなりのレベルの力を持つ修行僧が心臓の奥にまで入り込んでいて、浄霊するとなると命の危険があります。かなりの時間も費やしますから無理をせずに共に生きる方がいいで

しょう。あなた自身、お経に頼る事でそれなりの除霊ができ、そしてやりすぎたために深くまで入り込まれたのです。力ではなく愛で浄霊するなど受け入れられないでしょう。あなたに勧められるのは、できるだけ命の危険の少ない仕事をした方がいいということ。不本意でしょうが、事務職のような仕事を。そして、できるだけお経を読まない努力をした方がいい。テレビやビデオやパソコンはできるだけ避けた方がいいでしょう」

――と言われたそうで、テレビやパソコンなどは悪霊を呼びやすい磁力を放つということでした。実はお経もさまよい続けてどうしようもない悪霊がすがりやすいのです。結界をちゃんと作れれば危険性は減るのですが。

また、趣味や嗜好の思いに関わる波動も要注意らしく、これは私も言われましたが、異常犯罪者がその類のビデオテープをよく集めているというのもうなずけるということです。そんな話題に「俺らは異常犯罪なんかしないわ」などと私たちは何の問題もなく生きていけると楽観的に考えていました。

02　浄霊とは自らの魂を清めることである

彼はダイビングのインストラクターになるから近々ハワイに行くつもりだと言っていま

した。彼も私も神能者という彼女は本物かもしれないと思っていましたし、自分としてはどうしようもない状況から抜け出すためにも、しばらく浄霊に通うことを彼に伝えて別れました。

週に一度通ううちに少しずつわかってきたのは、現状で抜ける可能性のある悪霊を肩まで引き上げていること、私の意識が少しでもいい方に変わったぶんだけその悪霊の居心地が悪くなり自ら出ていこうとすること、神殿の前で何の抵抗もなく抜け出る霊は浄化していて生まれ変わりの世界に戻れるのに対し、日常の生活のなかで抜け出る浄化していない悪霊は肉体的に痛みを伴うこと。それは、居心地が悪いにもかかわらず簡単に離れたくないという感じで、筋肉や骨を掴んでくるのです。どちらの霊も抜け出ると同時に、かなり気持ちのいいエネルギーが入ってきて満たされているような感じがします。

でも、私の意識が変わらない状態では、居心地が悪いとうごめき回るだけで一体も離れないこともありました。ただ浄霊に通うというだけでは駄目で、あくまでも自分次第。こちらが意識を磨こうと思うことで、脳を失った悪霊自身の意識の問題点に気付かせるのではないか、私の意識の問題点を試行錯誤することが、そのまま悪霊に気付きを与えるようなことをしているのではないか、それに応じる者は神の手助けのもと生まれ変わりの世界に戻り、受け付けない者が反発しながら神殿に向かうまでに離れていくのだ、と思いました。

第9章　Ⓨ子との出会いと悪霊の危険性

01　悪霊によって引き起こされる症状

浄霊に行き始めたのは念の攻撃の弱い時期で、悪霊が離れたぶんだけ体調も楽になり、さらに本物の神なら少々の事は大丈夫だろうとテレビだけは見続けていましたし、意識を磨くことにもあまり身が入らないこともありました。「喉元過ぎれば熱さを忘れる」という状態です。

しかし、盆休みに近い7月に入ると、やはり鼻の頭のできものが大きくなり出して、よどんだ耳鳴りと共に右耳がふさがれて聞こえにくくなり、体調も悪くなり出しました。近々盆休みという厄介な時期になることもあり、ダメージを減らそうと意識磨きに本腰を入れることにしたのです。

その頃は、自分自身それほど悪い思いを抱えている意識はなくて、問題のガソリンスタンドの彼女（以下、Ⓨ子）の放つ念のせいで、いいように体調を崩されることに対する怒りを減らせればいいのだと思っていました。根は怒りっぽいとはいえ、かなり我慢はできるし異常な思考回路ももっていません。それに、恋愛のもつれで攻撃し合うなど愚かなことだと思っていたぐらいでした。しかし、初めて金縛りにあうまでの1年間ほどの間に、前述のように殺意を抱くまでになってしまったのも事実なのです。

小さな体調の悪さは常にあり、鼻の頭のできものが大きくなれば体調は最悪になります。おもな症状は頭のふらつき、意識が落ちそうなほどの急激な眠気、水を飲んでも少し食べてもすぐに起こる水のような下痢、蛇口を緩めたようにとめどなく出る鼻水、なかでも厳しかったのは1週間ほども続くくしゃみと咳でした。はた目には風邪としか映らないのですがまったく違います。くしゃみは鼻の奥をつつかれ続ける感じで、咳は喉の奥をつつかれ続ける感じです。これが3日も続けば、肺やあばらの痛みが酷く、喉の内側も割れたように痛むようになります。ほとんどの場合はくしゃみに始まり、治まり出すと咳になります。逆もありましたが、いずれにせよどちらかひとつということはなく、ほぼ2週間は本当に厳しかったものです。後は頻繁に起こるラップ現象と電化製品やカーステレオの故障です。こういう事も、地味に苛立つ原因になりますし、まったく問題ないと思っていたのですがストレスを相当に蓄積していたのだと思います。

02　Ⓨ子の思いがもたらすもの

Ⓨ子とは直接話せませんし、友だちのＸ子に話しても、「Ⓨ子は彼氏がいるから話すことはない」の一点張りで呆れていました。では、このふざけた念は何なのかと思っていましたが、ひとつの手段としてＸ子には何度かⓎ子がどうしているのかと聞いたことがあります。体調が最悪で堪えられない時に、そうするとかなり楽になるからです。

その時点で私が察していたのは、ゴールデンウイークと盆休みと正月休みの手前の土曜日で、特に大安の日に最悪な状態のピークが来るので、その日にⓎ子が知らないふりをして「ガソリンスタンドに行く」と周りの協力者に言っていたのだろうということ。そのひと月半位前からほんの少しずつ念が強くなり、２、３週間前位からくしゃみが止まらなくなり、次第に咳になるのです。

右耳を塞がれ聞こえにくくなると「しつこいな、また始まったで」と少し苛立ち、頭がふらつき鼻水が出始めると「ほんまうっとうしいわ」と思い、さらに苛立ちます。それがくしゃみに変わると「知るかボケ」とついに罵り始め、延々と止まらなくなって肺やあばらが痛くなると「ええ加減にせえよボケ」とあからさまに攻撃の意識が湧き起こります。

最後に咳に変わり、止まらなくなると肺やあばらの痛みに加えて喉が割れるような痛みが伴いますが、そこで「ふざけやがって」と怒り続けていると永遠に終わらなくなるのです。睡眠不足は続き、痰を吐くと血が混じり水を飲むだけで痛く、食事もままなりません。そうこうしているうちにⓎ子が来る予定の土曜日が過ぎると、嘘のように治まるのです。

感じるのは私への気持ち、愛情がばれているので、とりあえず彼氏をつくって誤魔化し切りたいという思い、そのうえで私に愛されたいという思いでした。

03　Ⓨ子の危険性と危険を退けるための努力

いかにも優しそうな彼氏らしい人が、土曜日に何度かガソリンスタンドにいたことがあります。私にとってはうっとうしいだけの念の正体がⓎ子であると確信してからは、関わりたくなかったので知らないふりをしていました。Ⓨ子自身は一歩も動かず、周りの人たちに何とかしてもらおうという感じしか受けません。

Ⓨ子はかなり高いレベルの可愛さと美しさを併せもっていましたし、さらに日本で3番目位に念が強いのであれば、幼少の頃から少し困った顔をすると周りの人たちに助けられたのでしょう。

初めての施術の後で、神能者の彼女は「Ⓨ子はすでに救えませんし、私にとっては危険なだけですから二度と関わらないように」と言っていました。その当時は神ならすべてを救うべきじゃないのかと聞き返したものですが、「それは無理なのです」とのことです。さらに施術を受けた以上、学びが遅いと孫悟空の頭の輪が締め付けられるような状態になりますからね、と微笑みながら言われました。

とにかく何をどうすればいいのかわからず、手探りで心を磨いてみるしかありません。思い当たるのは怒りっぽいところだけで、Ⓨ子に対する攻撃性を減らすことが課題なのだろうと思っていました。しかし、念を少ししか感じないときは少々の体調の悪さでもあまり気にならず、Ⓨ子のことなど忘れています。結局、Ⓨ子の念が強まり危機感を得ないと身が入らず、後回しにしていたのです。

04　憑依のボーダーラインを越えてしまったⓎ子

心を磨くといっても、最初は怒らないように、意識で攻撃しないようにという感じで我慢やコントロールをするしかなく、体から悪霊が抜けていくことも少なくて、腰や背中でうごめき回るだけの時期が続きました。Ⓨ子に対して怒らないように、攻撃しないようにコントロールや我慢をするばかりで、いつも最後には怒り、攻撃してしまうのです。

当時感じていたⓎ子の思いは、頑張ってガソリンスタンドに出ていこうと決めた日を周りの協力者に伝え、私との事を相談に乗って応援してもらおうという感じ、いずれは誰かが何とかしてくれるのではないかという感じ、その日までは気楽に構えながらいざとなったら「また今度」と流すことしかできないのに、少しずつ思い→念が強まって、３、４日後にはⓎ子自身の胸の苦しみがそのまま私の胸に伝わり、鼻水は動けない悲しみ、くしゃみは何とかして欲しいという私に対する期待や依存、咳は思い通りにいかないのは私のせいだという怒りだろうと感じました。Ⓨ子としては、自分の私への気持ちがばれていることは全否定したい。彼氏がいるということはその手段で、私にいったん諦めてもらい、そこを乗り越えてもらおうとしているという感じです。

でも一度Ⓨ子に会ったときには、もうすでに普通に、そしてまともに話のできる状態ではなく、本人としては動けないから諦められない、後は強い思い→念に頼るしかできないのだろうと思いました。神能者がⓎ子はもういい方向には向かえないと言うのは、恋愛で嘆き苦しみ続ける悪霊の憑依を受け続けてボーダーラインを越えてしまっているのだろうということ、自力でいい方に向かう感覚も力も失った、つまりⓎ子がいつか諦めるだろうという期待もできないし、本来の愛とはほど遠い自分の都合だらけになってしまっているのです。Ⓨ子自身は愛のつもりでも、呪いになり果てているのです。死霊となり浄霊できれば終わるんだけどねと事務長には言われました。

05　愛されたいという思いも、自分の都合である

愛されたいという思いにも憑依があり、受けすぎると裏目に回って愛されなくなるし、その課題が大きいと家族の愛の薄いところに生まれてしまう。祈りや夢や希望という綺麗な言葉にもさまざまな自分の都合を含んでいることも多く、それこそがすべての問題の根本的な原因となるのです。上手くやりたいも、思い通りにしたいも、幸せにして欲しいなども、実は同じように自分の都合であり、それに憑依を受けすぎると裏目に回ってしまいます。

自分の都合をあまり含まない愛、見返りの少ない愛、自らはクオリティの高い愛を無意識に放ち、結果的に愛されることが理想的です。結果を気にしないと言っているのは、結果を気にしているのです。

恋愛や結婚だけでなくすべてにおいて言えるのですが、結果は後からついて来るという

自分の都合の少ない思考回路のエネルギーには悪霊は寄り付きにくく、本当の幸運のエネルギーを放つ善霊と関われるようになるのです。

06　自分とⓎ子との共通点

とはいえ、当時は私の方も結果を考える癖から抜けられるわけもなく、Ⓨ子の都合で体調を崩すという屈辱的な期間を過ごすと、自分もやっぱり怒りを抱き、口汚く罵るなど意識で攻撃してしまう、念を放ってしまうのです。先の神能者の本によるとⓎ子のせいにするのではなく、出会ってしまったことに対する自己責任にしないと根本的な問題は解決しないわけで、攻撃性も減らせないということなのです。

私自身、思い当たるのは幼少の頃から行動や努力よりも強い思い＝念に頼るような生き方をしていたということ。そして神能者によるとⓎ子ほどではないけれど、私の念の力もそれなりに強いからこそエネルギーが引き合い出会ってしまったらしいのです。私も中学生位までは恋愛については逃げ腰で、あまり動こうとせずにただ思っているだけでした。つまり基本的にはⓎ子と同じ思考パターンだったわけです。

07 強い思いは呪いになってしまう

ほとんどの人がそうだと思いますが、普通の念の力の人はそれを思い切り強く放ったとしても、念の力の強い人の無意識の固定観念の力にさえ及ばないといいます。ただ、念の強い人がある程度するべきことを為せば最高の人生にもなるのです。

出逢った瞬間に恋に落ち、ガソリンスタンドで何度か仲良く話をしているうちに前髪が触れ合い、その瞬間に喉まで「付き合おう」と言いかけたのに何かが引っかかり言えませんでした。帰りに車のバックミラーに映ったⓎ子の、俯きながら座り込む姿を今でも時々思い出します。もしⓎ子と付き合い、彼女に本気で愛され守りたいと思われていたら、私は確実に早死にしていたでしょう。

「人を呪わば穴二つ」と言われているのも真理であり、呪う側も呪われる側も互いの思いのクオリティの責任として、お互い憑依を受けてしまいます。呪いが叶おうが叶うまいが、より良く生きられるはずの命のエネルギーを減らしてしまう。この場合、呪う側の念の力が弱ければ自滅に向かい、呪われる側のダメージは少なく済み、呪う側の念の力が強ければ逆になるわけです。

呪いとは憎しみや怒りだけではなく、愛の意識に潜むすべての小さな自分の都合もまたその種となり得るのです。わかりやすいのが親の過保護で、子どもを守りたいという意識に不都合を遠ざける意識が入りすぎて、いずれ必ず裏目に回ってしまうのです。親にとっては愛情のつもりでも、結局は呪っているのと同じなのです。私自身がさほど努力をしなくても勉強もスポーツもそこそこ優れていた事で陥ってしまった反省から、私の座右の銘になったのですが、まさに「過ぎたるは猶《なお》及ばざるが如し」なのです。この時も、親のエネルギーが強ければ子供がダメージを受けますし、弱ければ親が自滅に向かい、同じ程度なら互いにダメージを受けてしまいます。

第10章　自己分析で心を磨く

01　善悪を併せもつから人間と言える

強い思いとは念そのものであり、その強さのぶんだけ、その念に潜んでいる自分の都合のぶんだけ、いずれは裏目に回ってしまうのです。これを正確に言うと、自分の都合に対する悪霊の憑依がある程度蓄積するまでは思い通りにいく可能性が高く、少しずつ裏目に回り出すときが意識をきちんとチェックして磨きなさいという守護霊からのサインなのです。

それをすることなく、なおそのままの思考パターンで何とか自分の都合を通そうとする、あれこれ余計なマイナスの意識を増やしながら頑張ってしまうから、憑依を受け続ける事になり不運や不幸を自ら大きく育ててしまうのです。それは人間の都合が通用しない神界側から見ると、単なる自己責任にすぎません。

このように善の意識のみが神であり、善悪あわせもつから人間となり、悪の本質的である自分の都合を減らせない魂は悪霊となるのです。

02　悪霊による苦しみは自己責任と考える

話をⓎ子とのことに戻しましょう。私自身、課題として思いついたのは、まず意識での攻撃を減らせるようになろうということです。単純に考えてⓎ子の念によって体調を崩すうえに、それがしつこく続くため耐え切れず攻撃してしまうわけで、本格的に憎んでいるわけではありません。Ⓨ子自身への悪い憑依はボーダーラインを超えていて、思考パターンも発想も取りつかれ、乗っ取られているわけだから、やめたくてもやめられないのだろう。私自身もⓎ子と同じマイナスの発想と思考パターンを強めにもっているせいで、付け込まれるのだろうと理解したのです。この時点ではほぼ頭の理解だけですが不徳の致すところなのです。

Ⓨ子に対して攻撃の念を放てば症状がもっと悪くなりそうで、我慢しても結局は怒ってしまいます。つまり本音の深いところではⓎ子のせいでと思っているから、怒らないように、攻撃しないように意識でコントロールしても、限度を超えればどうしようもありません。とにかく体調を崩し続けるうっとうしさに怒るのです。

それにⓎ子にしてみれば、自分の都合にまみれた愛の念を放ち続けていることだけは、絶対に認められないでしょう。自分の立場を守ってからでないと愛を放てない、さまざまな自分の都合が通らないと動けない、という大きな壁を育ててしまったからです。念のうっとうしさやしつこさに対して、怒りをぶつけてもどうしようもありません。私自身が心を磨き鍛えることですべて解決するという、神能者の言葉を信じてみるしかないのです。Ⓨ子の都合で体調を崩すことも、そもそもⓎ子に出会ってしまったことも、まず私自身が強い思い＝念に頼る生き方をしてきたための自己責任である、と思えるようにならないといけないわけです。そうならないと、本当の意味でⓎ子に対する攻撃の根っこはなくせないのです。

03　頭で理解するだけでは心を磨くことはできない

思い返せば、私は幼少の頃から言いたいことをはっきりと言うタイプではなく、思いを強くして目や態度で表すようなところがありました。それでも通じないと怒り出して、口が悪くなってしまう。とりあえず、なぜ念に頼るのか、なぜ攻撃してしまうのか。その理由を思考していこうと思いました。

それでもなお体調が悪いと余裕がなく、そう思うことしかできずにいました。そんな時は、神能者の言葉を思い出します。「心磨きが足りないと、孫悟空の頭の輪が締まり苦しむようになりますよ」と。これはいわば外圧であり、心を磨こうというのも初めは仕方なくという感じで、体調が治まり出したところでまた思考を巡らせます。なぜ攻撃してしまうのか——本音ではⓎ子のせいでと思っているから、単純に攻撃されているから、いいようにやられているから、やめさせようと思うから、あるいはストレスの発散のため。なぜ怒ってしまうのか——思考も体も思うようにいかなくなるから、当たり前の生活の邪魔をされているから。いろいろと思い浮かぶし、そもそも怒ることも攻撃すること自体も自分の都合のなせる業です。問題の解決法としてまたしても念に頼り、これを使ってしまっているわけなのです。

キリスト教で説くところの「右の頬を打たれたら、左の頬を出せ」は行きすぎだと思いますが、攻撃されたからといってこちらも攻撃すれば同類になる、というのは頭ではよくわかります。でも現実にそうもいかないというのは、やはりそれが心で理解できていないということなのです。

04　〝攻撃しない〟意識＝我慢をするのは心を磨くこととは違う

初めのうちは怒らないように、攻撃しないようにという意識のコントロールをしながら思考を巡らせます。その間は、腰から背中、そして肩にかけて、まるで居心地が悪いといわんばかりに悪霊が這いずり回ります。すぐに答は出ませんし、週一の施術を受けても悪霊は離れそうになりながら離脱しません。それでも神能者は微笑んでいるだけです、何がいけないのか聞いても「頑張ってください」としか言わないのです。しばらくして思考を巡らせることに疲れ、脱力したことが良かったようで、頭頂部に心地良い微量な電流と共にひらめきが降りてきたのです。

それは、答えを出さなければという意識の力みも、自分の都合ではないのかということ。続いて降りてきたひらめきは、怒りや攻撃の意識のコントロールや我慢がいけないのではないかということ。それに気付いたとき、とても心地良い電磁波のようなものが頭全体を包むようにしながら染み込んでいきました。その瞬間、肩から5体ほどの悪霊が少々抵抗した後で離脱したのがわかり、同時に何とも言いようのない気持ちのいいエネルギーが肩から入ってきたのです。これが正解のお知らせなのだろうと気付き、怒りや攻撃の意識を出来るだけ解放してみようと思いました。そうしたことは、もちろん声に出さなくても心の中でだけでかまいません。これを行うことは、スッキリする気持ち良さと、我ながら呆れるという面での苦笑いを伴いますが、自分の心の課題のレベルと現状を明らかにして、しっかりと確認することが肝心であり、その怒りの度合いを減らすこと、振れ幅を小さくすること、それこそが意識改革の始まりということなのです。

05　解放は心を磨くために行う

往々にして人は調子の悪い時を基準に自己分析をしないもので、自分は問題ない、まだ大丈夫だと思いたがるものなのです。この解放と確認をしたうえで自分の課題を少しでも減らそうという決意表明をすることで、それがそのまま自分の都合に共感して憑依している悪霊にとっては反感となり、磨くべき課題に関する不都合が起こりやすくなります。ある意味では悪霊が課題のヒントをくれる訳です。

なぜなら、決意をするだけで体に潜む悪霊のうごめき方が違うのです。悪霊にとっては居心地が悪い状態になり、体の表面に出てくることでそのエネルギーが日常生活において小さな不都合を引き起こすようになります。つまり、怒るようなこと、攻撃してしまうようなことが起こりますが、それ自体、悪霊がどうしたんだ元に戻れと誘っている状態で、心を磨くのならば課題のヒントとなりますが、怒りに任せるのみならば憑依を重ねていくことになってしまいます。

そうした状態は、心を磨く気がなくても、憑依が溜まって潜み切れなくなったエネルギーが表面化したり、守護霊が今、気付いて意識を磨いた方がいいという意味で守りの力を緩めたりすることでも起こります。自分の都合を減らせないということは、長い目で見て結果的に自分の都合に執着してしまうことになり、悪霊にとっては凄く居心地がいい思惑通りの状態になるのです。

体調を崩さない限りⓎ子に対する怒りや攻撃の意識が生まれないからとはいえ、一歩も動かずに、もしくは一歩も動けないのに、自分の都合だけは通したい、思い通りにしたいというのは、根本的な間違いなのです。そこだけを見ると、まるで「肉体はいらない」と言っているようなもの。神界側から見るとまるで悪霊と同じ状態になっている訳です。

笑われたくない、楽をしたい、傷つきたくない、など些細な思いを修正できずにエスカレートし続けると、そこまでいくこともあるのです。念の強い人や、強い思い＝念に頼る生き方をする人は特に注意したいものです。

第11章　自己責任の考えで自分を磨く

01　被害者も責任はある

話を戻しましょう。怒りの解放と確認の後は、どう修正していくのかが大切になります。Ⓨ子に対する怒りの分析もしたのですが、それよりも決意の後の日常に起こる怒りの分析をした方がいいようです。

互いに知っている人や関われる人、コミュニケーションのとれる人には言いたいことは言えるため、怒ることもまずないのですが、コミュニケーションのとれない歯がゆさが付きまとう車の運転においては、そのようなことが多々あります。

最近話題のあおり運転ですが、あれも加害者側だけを悪としているようでは駄目なのです。やはり犯罪被害と同じで、被害者側も根本的にどんなエネルギーを放っているのか分析しないといけません。萎縮や緊張などの守りすぎのエネルギーという悪か、同じようにやられたらやり返すなどのエネルギーとしての悪を放っているから引き合うのです。要は、守らず責めずの意識に近い人には無縁なことなのです。

意識のエネルギーを度外視しても、普通に綺麗な運転をしていれば、たとえ法定速度で走っていてもしつこく煽られることは少ないと思います。つまり加害者側から見て被害者側が何らかのミスをしたり、ふざけたようなことや横着なことをしてしまっていることも多いのです。

こうしたことには日本車の構造にも原因があって、まるで自分の部屋にいるように静かで便利すぎるため、実は危険な面があるにもかかわらず、緊張感も公の道路を走るという意識もなくて自分の都合が出やすいという点も問題ではないでしょうか。

02　自分の苛立ちを分析することが成長に繋がる

私が感じているのは携帯電話の普及と共に運転マナーが劣化し、スマホの普及と共にさらに劣化していることです。道交法で禁じてはいるものの、実際には手もとばかり見て後続車などお構いなし、自分の都合しか考えていません。何もないのに減速したり、速くなったり遅くなったり、信号が青になってもまったく気付かない、それが渋滞をつくることも、ひどくさせることもあるのです。

私が特に気に入らないのは、本線に横から一旦停止することなく、「動きながらだからわかるでしょ」という感じで割り込んで、こちらに急ブレーキを踏ませてゆっくり走る車。一旦停止をしても、迷ったあげく直前で割り込み、急ブレーキを踏ませてゆっくり走る車です。せめて多少の配慮があって加速してくれれば、さほど怒ることもないのですが……。まだ心を磨きかけだった当時は、何度か相手を止めたこともあり、2回ほどは暴力沙汰になりましたが、幸いにも大事にはなりませんでした。

頭では、どんな理由があっても攻撃するべきではないこと、攻撃の意識にも当然ながら憑依の危険性はあり、エスカレートしていくと手の付けようがない人間になってしまうこともわかっているのです。いじめや虐待や傷害や殺人などに向かいかねないわけで、そうならないためにも加害者側は悪意の分析をしなければなりません。その意味で、私の攻撃性を減らすためにはこの車社会が役に立っているのです。

攻撃の意識を我慢することで良しとするのではなく、ちゃんと解放してその強さを感じ、それを少しでも弱めていこうという意志をもって攻撃の意識を分析するのです。何に苛立つのか、なぜ攻撃してしまうのか、思い通りにならないから、邪魔でしょうがないからというのが最も大きいと思います。ほんの1台や2台なら「ドンくさいのう」で終わるのですが、いつも私が苛立つまで何台でも立て続けに前に入って来るのは、未だに信じられないほどです。

走るペースの遅い車に延々と前に居られると、少しずつ苛立ってきます。追い越せる所に来るとペースを上げたり、対向車が来るたびにブレーキをかけたり、登りになると遅くなったり、自分の車の車幅をまったくつかめずに細い道の真ん中を走り、対向車が来るたびに急ブレーキをかけたり、何でもない右左折で外に膨らんだり、何度も曲がれるチャンスがあるのに対向車がいなくなるまで右折できなかったり、知り合いならそこまで怒らないのですが、見知らぬ他人だとそうはいきません。邪魔をされても話し合えないという意味では、Ⓨ子の状況と同じなのです。

03　自分のマイナスエネルギーが悪いものを引き寄せる

Ⓨ子の都合という念によって体調を崩すことには、同じようなエネルギーを放ち続けてしまったことが原因で出会ってしまったのだという自己責任として、本音で思えるようになろうと目指しました。それでも体調を崩し続けて厳しくなると、やはりⓎ子を罵るような思いになってしまいます。Ⓨ子の念は絶えず来ているのですが、それが弱まって、あまり体調を崩さないときはⓎ子のことなど思いもしません。不思議なことに、そういう時に

は苛立つような車も寄り付かず、念が強まるほどにそのような車が信じられないほど集まってくるのです。まるで私の怒りの念を大きくさせることで、そのぶんだけ体調を崩すダメージを大きくさせるようにしているようです。

その時点での理想として、私が怒りの念を出さなくなればなるほど、体調を崩さなくなるのではないか。怒りの念を出さない、つまり怒らないようになるためには、これを我慢するのではなく、神能者の言うようにすべての現実を自己責任として受け入れ、なぜ――何に怒るのかを分析して、怒りの原因となる自分の都合を減らすしかないのだろうと思いました。

Ⓨ子に対する怒りは念という攻撃によって体調を崩したときだけであり、それほどではない時期はⓎ子にはもう関心もないし関わりたくもありません。しかしⓎ子の都合でひと月ほど体調を崩し続けるという外圧があるからこそ、念の攻撃に付け込まれないように心を磨き鍛えようと思えるのも事実なのです。

少しずつですが、付け込まれて体調を崩すのも私の心が放つエネルギーの責任であり、念を放つのはⓎ子の自由と責任なのだと思えるようになりました。怒らないように抑え込んだり、我慢やコントロールをする癖にはたびたびはまりますが、しっかり怒れたときには怒りの分析が少しずつできました。当時の細かい事は嘘のように心と脳から消え去り、覚えていないので分析の状況は本書の後半にあらためて書こうと思います。

04　Ⓨ子に同調し、僕《しもべ》となる女性たち

Ⓨ子に対する怒りがほぼ無くなり、週一の施術が月一に変わった頃には金縛りの気配すらなくなって、酷かった鼻水やくしゃみもかなり治りました。念の攻撃による体調の崩し方も少しずつ穏やかになりました。

この間、私に好意を抱く女性も出てきたのですが、どうも少し様子がおかしいのです。楽しく話をしているうちはいいのですが、食事やデートに誘うとまず動かない。それだけなら普通なのですが、短期的におかしな念で体調を崩すようになるのです。

当時、知り合う女性は店員さんがほとんどでしたが、私が積極的に動くと話せない所に逃げ込んだり、いつの間にか店を辞めたりするのです。同時にある程度体調を崩すようになって、わかりました。彼女たちもⓎ子の念に取りつかれて、同じように念を放ってしまうようなのです。

ゴールデンウイーク、盆休み、正月休みと定期的にやって来るⓎ子の念の影響は弱まっ

たのですが、一時的に念が来て体調を崩すことが多くなりました。相手が学生ならば1時間おきに体調を崩したり、コンビニや食堂の店員ならば私自身の仕事の終わる1時間前後に体調を崩したりという感じです。逃げ隠れし出して話もできなくなると、もう駄目で、念は強くなる一方で相手も体調を崩して諦めるまで続きます。

少しずつわかってきましたが、初見で挨拶をする前から鼻をすすったり、少し咳き込んだりする人は、その時点で取りつかれ始めているのでしょう。そういう場合はすぐに姿を見なくなり、やって来る念も弱いものです。出会った人のなかで20％程度が取りつかれやすいようで、お互いのためにも喋らないようにしました。多かったのが食事やデートに誘うと、とりあえず流す、返事を濁すという、様子を見るタイプでじわじわと念が強まる人。少なかったのが、すぐに行きたいと返す人で、それも約束の日までには結局駄目になる人、さらに稀少な実際に行ける人は4年にひとりいるかどうかという感じでした。

毎年4、5人位の人が取りつかれて念を放って来るのです。ほとんどが高校生か大学生なのですが、もうこれはモテているのではなく、私からすればまるでⓎ子の僕《しもべ》となる人が関わってくるようなものです。

ここまででわかってきたのは、鼻のできものが小さくなっても消えることがないのは、思っていないときにも心の奥の固定観念にあるぶんが念となり、常に出続けているのでしょう。そのエネルギーはそれほど強くはないので、私にダメージを与えられないのだろうと思います。これはつまり、私がはね返している念を、私に少しでも好意をもつという同じ思いのエネルギーとして繋がった女性に入り込んでしまい、Ⓨ子と同じように動かずまたは動けずに強い思い―念に頼ることしかできないように引きずり込んでいくという状態です。ある程度磨けたので、自分の都合が多くて強いⓎ子の念が直接関われなくなり、その代わりに関われる―自分の都合の少ない人―愛のクオリティが低くない人―少しでもⓎ子と同じ発想の人のエネルギーをもつ人を利用して関わろうとしている段階にありました。

05 心の世界に〝権利〟はない

笑われたり恥をかきたくない、上手くいかず傷つきたくないという自分の立場を守る意識――これは引きこもりやいじめも同じですが、そういう意識が動けなくするわけで、厳しい言い方をすると、愛よりも何よりも自分の立場が大事という自分の都合そのものや依存や期待、執着のエネルギーを含んでしまうのが問題なのです。

これが多く強い人ほど、最終的には恋愛や結婚が苦しく厳しいものになります。厳密に言うと、本当にそして完璧に愛されているかどうかなど確認しきれはしないのです。互いの愛にどれだけ自分の都合が含まれているのか、時間が経てばどうなるのか、現実より先のことを確定することなどできないのです。たとえば、相手の愛を確信できれば動くという人も多いでしょう。でも、これは合格しているなら試験を受けようというようなもの。リスクを受け付けないで楽をして愛されたいという、卑怯なエネルギーを含んでしまうのです。

強い愛ほど、必死な人ほど、手に入れることが目的というエネルギーを含みやすいのです。楽がしたい、上手くやりたい、思い通りにしたい、愛されたい、幸せにして欲しい、恥をかきたくない、傷つきたくない、などの思いは当然の権利ではなく、自分の都合であることを認識するべきなのです。本音を磨けるようになるとよくわかるのですが、心の世界においては権利などという概念はまったくないのです。

さらにこれらの自分の都合は、結果を想定もしくは固定するエネルギーとなる。それが強いほど、心の深いところで裏目に回るかもという不安や恐れも強くなります。本当に優れている人の共通点は、自分の都合が少なくて心のクオリティが高いことです。つまりは守りの意識が少ない人で結果を気にせず失敗をも楽しみ、今何をするべきか考えられること、だからこそよく動けることなのです。これが最も現実を大事にすることになり、結果は後からついて来るという意識のエネルギーこそが、邪気を呼びにくい最善のものです。自分を意識で守らないから萎縮や緊張もなく、上手くいくかどうかも楽しめる。マイナスの意識に囚われる時間の少ない、強くて幸せな日々になるのです。それぞれの自分の都合のエネルギーが引き寄せる、同じ思いのエネルギーの悪霊の憑依を受けすぎれば、すべては裏目に回り出します。神界側から見ると、それは愛の意識を磨かず自分の都合に執着したことによる自己責任にすぎません。悩みや苦しみとは、自分の都合が裏目に回っているだけなのです。

第12章　Ⓨ子に翻弄される女性たちとの出会い

01 体調の改善と転職

数年が経ち、体調の崩し方は関わる人にもよりますが、楽になってきました。そうなると自然に心磨きにも身が入りにくくなり、神能者の施術を受けているからそれほど頑張らなくてもいいだろうという甘えが出てきた頃、その○○神宮が名古屋から東京へ移ることになり、遠くなるからもういいかと思ったとたんに神能者の周りに薄い雲のようなものが揺らめき出しました。「それは何ですか」と問うと、「さあ何でしょう」という返事。何となく「ちゃんと東京にも来なさい」ということかと思うと、その雲のようなものはさらに揺らめきながら少しずつ薄まり消えていきます。それを見て、ほとんど影響を受けなくなるまでもう少し通ってみるかと思い直しました。

月一で東京に通い始めて、1年ほどで怒りっぽいところはかなり減ってきました、これは怒りの度合いが減ってきた、怒りを振り子にたとえれば振れ幅が小さくなってきたということです。どんな理由があっても、攻撃の念を放てば、それに対してまた新たな憑依を受けて体調の崩し方が酷くなることもあり、以前よりは少しずつ他人を尊重できるようにもなってきました。

当時は怒るような事態も仕事の現場の行き帰りだけに集中していたので、つまり1日の中で少なくて20～30分、多くても1時間ほどが怒りの対象となり得るわけです。あえてこれを増やし、もっと怒りを減らすためにも、それまでの土木建設業から運送会社に転職することにしました。

もうひとつの理由は、Ⓨ子からできるだけ離れ一切の情報を断つことで諦めてくれるかもしれないという甘い思いもあったのです。土木建設業の社長の息子がⓎ子と同級生で家も近かったので、逃げるようなことはしたくはなかったのですが、念の攻撃を受け始めて2年、施術を受け始めて7年経っても終わらないⓎ子のしつこさに嫌気もさしてきたのです。

02 転職後に出会った女性たちとの不幸な関わり

前の職場とも13年ずつ勤めたのですが、運送会社にいるときによく覚えていることが3つあります。ひとつめはある支店にいたとき、帰路にあるコンビニの店員と仲良くなり告白しようと決めた日に限って、荷主の出荷用のコンピューターが異常を起こし、店員が帰る時間まで出荷が止まることが何度もあったのです。当然話もできずにタイミングを逃し、結局は彼女も逃げ隠れし出すのです。時期は違うものの3人の店員とも同じことになり、これはいまだに信じられません。そしてこういう時は天気予報がどんなに晴れでも、夕方から暗い雲がやって来て必ず雨になるのです。まるで「その人は無理だ」と告知するかのように。この雨はⓎ子の呪いにかかってからずっと続いてきたのです。

　さらには対象外の店員さんたちも念を放つことが多く、結局すぐに辞めて長続きしない女性が多くなり、悪い気がして、その頃から曜日によって立ち寄るコンビニや食事処を変えることにしました。そうすれば、その日を外せば辞めなくても済むのではという思いと、もうひとつは誰が念を放っているのかわかりやすくするためです。

　また、その支店に20歳の女性がバイトで入ったときに初めて気持ちのいいエネルギーを胸に感じたことがあります。心臓の中からそよ風が立ち上がるような感じでした。明るくて可愛い人で、好きなタイプだと伝えていたので、「これはもしかすると」と喜びましたが仕事の都合で話せる機会がなく、3日ほどでそよ風は消え去り、変わって胸苦しさが伝わり、それが3日ほど続いたのです。おそらくダメになったのだろうと思い、その後話せたときに自分は呪いにかかっていて、受け身ではなく自ら動ける女性にしか関われないし、好きになることができないと伝えました。それからは話すことも減り、彼女を励ましていた後輩と付き合うようになりました。それからは、女性には早目に受け身なのか能動的なのかを聞くようにしています。

03　この人は……との思いも、やはり

2つめからは本社勤務になってての話ですが、新しくできた食堂でⓎ子ほど派手ではないものの負けず劣らずの綺麗で可愛い女性Mと出会いました。明るくて話もはずむし、大人びた感じなので大学生なのかと聞きました。驚きましたが高一だということで少しの間、言葉を失ったものです。当時私は38歳で、さすがに食事やデートには誘いにくい。仕方なく、なかば冗談のように私が呪いにかかっていることを伝えて、受け身なのか能動的なのかと聞くと、時と場合によると思うし、凄く単純な性格ですよという答えです。受け身な人はどうしても念に頼りがちになり、すぐにⓎ子の僕となってしまうので好きでも関われないし、念を感じるようになると気持ちが引いてしまうことも伝えました。皆そうですが、Mもなかば冗談のように半信半疑のように聞いていていました。

ほとんどの人は食事やデートに誘うとすぐに念を放ち出すのが、Mは笑いながら流すば

かりでなかなか念を放ってきません。年の差がありすぎて問題外なのか、それともMだけは大丈夫なのかわかりませんが、念を放ってくるまでは時々誘ってみようと思ったのです。

週一で通っていたところ、「毎日来て下さいよ」などというところが可愛かったのですが、3カ月ほどしてやはり少しずつ念を感じるようになり、店に入ると奥に逃げたり、話をするときもよそよそしくなってきたので、お互いのためにも早く切れた方がいいと思い、諦めることを伝えました。

04　施術の終わり、自力のみによる浄霊の始まり

ほどなくしてMの姉も、その店でバイトし始めたのですが、少々課題を抱えている表情で難しそうだとは思いつつも話をするようになりました。受け身なタイプだとは言っていましたが、何度か誘ってみたところ、すぐに私が店に入ると話のしにくい所に逃げるようになり、念も放ち出して諦めることを伝える前に辞めてしまいました。Mの場合も姉の場合も、私自身にそんなに強い症状は出ず、Mは鼻水がメインで姉は咳がメインでした。

しばらくするとMの同級生の男の子がバイトに来るようになり、付き合っているそうで、私もその方がいいと思い少し安心もし、同時に少し残念な思いもしました。たまに少

し念を感じることもありましたが、大丈夫だろうと思い週一にこだわらず時々通うようになりました。多かれ少なかれ念を感じている以上、挨拶程度の話をするだけで、時を経てMも彼も就職先が決まり、ひと足先に彼がバイトを辞めるときに店の駐車場でMと別れたと言ってきました。それでもM自身が愛の意識、つまりエネルギーを磨いて念を減らせない限り、Ⓨ子の僕からは抜け出せないため、結局一歩も動けないだろうし、私が動いてもマイナスのエネルギーを増やすだけで悪い方にしかいかないのです。

心の片隅にほんの少しだけ、M自身が一歩も動けないことが根本的な原因であると気付かないかという思いもありましたが、そのままMも卒業して会わなくなり、念も強くなってきて鼻水よりも咳がメインになりました。M自身が体調を崩すか、事故にあうかで異常に気付いて、諦めるしかないのです。

それから3年ぐらい経った頃、神能者に「もうこちらで浄霊をするのは終わりにします。守護霊の霊格を上げて守る力を強くしましたから、後はご自身で励んでいきなさい」と言われました。感じるエネルギーも心地良く、居心地が良かったので、まだ通いたかったのですが、体もだいぶ楽になり、浄霊してもらえるという甘えが心磨きを遅らせていることもわかっていたので、それまでの感謝を伝えてそうすることにしました。後になってわかるのですが、自分で増やした悪意はほぼ減らせて、後は前世までの課題になるからだろうと思います。それ以降は悪霊が体をうごめく感じも離脱するときの痛みもかなり強くなり、そういうところも守られていたことを実感したものです。Mの念もまだ続き、他の人たちの念も伝わっていましたが、そこへ3つめの大きな問題となる女性が現れました。

05　強い念を放つYとの出会い

20歳で途中入社してきたYという女性で、歓迎会の時に嫌な予感のする視線を感じていたのですが、同世代の後輩と付き合っているようなので、あまり関わらないようにしていました。そのうちに鼻水が出始め、少し遅れて咳も出始めて、視線を感じる事も多いのでおそらくYだろうと思ったので休憩所にいるときに話しかけました。

それほど好意もなかったので、私がⓎ子の呪いのようなものにかかっていて、その念は日本で3番目の強さであり、ほとんどの女性がⓎ子と同じように行動より強い思い―念に頼る思考パターンであるために、すぐに取りつかれて一歩も動けなくなり、念を放つことしかできなくなる。そしていずれは体調を崩したり、事故にあうようになる。今までは大事にはなってはいないが、私には関わらない方がいいと伝えたのです。Yは「私じゃないですよ」と言った後、自分自身も霊感があり、中学生くらいまでは亡くなったおばあさんとよく話していたそうで、「休憩所のテレビの下に、ずっと男の子がいるのはわかりますか」とたずねてきます。自分は影だけで人の姿で見たことはなく、それが強いものだったのか嫌な感じがしたのも3回だけだが、厄介な念を放つ人と憑依霊が抜けていくのだけは嫌というほどわかる、と少し気持ち悪がられるような様子で言いました。

　すると、興味があるから詳しく聞きたいと言い出したので、この念がＹでなければ話せるだろうし、念が強そうだから気を付けた方がいい、もし裏目に回ると厳しい事が起こるかもしれないよと伝えたのです。案の定、やはり少しずつ念は強くなり、伝票の受け渡しの際にＹがくしゃみや咳をし出して、私の姿を見ると給湯室やトイレに逃げ込むようになりました。

　こうなると普通はほぼ会わなくなるのですが、なぜか数日で逃げないようになりました。しかし念はかなり強くなってきたので、意識を磨いたわけではなく、コントロールに徹しているのでしょう。逆にそうできるということは、守りも強く、憑依を受けにくいタイプだから厄介な相手になるかもしれません。「念を感じるよ」と言ってもとぼけるだけで、Ｙ自身にそれなりの事が起こらないと止められそうになく、業務上必要な事しか話さなくなりました。

一日中大型トラックに乗務するのですが、Yの念の強い日には危うく事故になりそうな車とよく遭遇するようになり、咳と頭のふらつきの強い日は特に注意するようになりました。

06　ウェイトレスとの関係に忍び寄る念の力

その頃は日曜隔週の月曜休みで、月曜日に毎週のように通って食事をするところがあり、そこのいかにも優しそうなバツイチ子もちのウェイトレスと近づいていました。もちろん、初見で受け身なタイプかどうかをたずねたのですが、時と場合によるそうで、しばらく誘い続けても逃げずに余裕の対応のうえ、念も感じません、9割の人は逃げ始める前に顔の相が少し悪くなるのですが、それもありません。もしも稀少な、念に頼らない本物の現実主義者ならⓎ子の僕とはならないので、少し期待していたのですが、半年ほどで避け出して、強くはないものの念を感じるようになりました。月曜日によく休むようになり、しばらくして急に念が強くなり出し、月曜日は来なくなったという話です。迷惑をかけるだけなので、私も行かなくなりました。

07　人の念に影響されると事故に繋がる可能性もある

Yとのことがあって以来、症状はくしゃみがメインだったのが咳に変わり、半年位続いたとき、ふと気付いたのです。最近のYの念は短時間集中型なのが、休日である月曜日の強い咳は朝から夕方まで頻繁に繰り返すため、いろんな意味で会わないからこそのYの念なのではないか。Yの表情もそれほど悪くはないので、もっと厄介な状況になるかもしれないと思い、それ以降Yに対する視線をあえて冷たくするようにしました。月曜日に念を放っているだろうと聞いたりすると月曜日の咳は少し楽になり、その代わり勤務日に会社の敷地内にいるときに、数分間の突発的な強い咳が増えてきました。

そんなことが続いたある日、リフトに乗ろうとした瞬間、唐突に咳が出ると思ったら嘔吐してしまいました。嘘のような感覚で、嘔吐物を見て顔を上げると遠くの物陰からYがこちらを凝視していたのです。

それからは咳かと思うと嘔吐するということが増えてきて困りました。さらに、小さいけれど年に一、二度事故を起こしてしまうようになったのにも困りました。会社としても保険を使うわけですから、小さい事故とはいえ迷惑でしかありません。

一部の同僚にはⓎ子の話をしていたのですが、それが社長の耳に入ったらしく、精神科の診断書をもって来るようにという話になり、それ次第で乗務から外れて出荷側に回ってもらうということになりました。精神科医にこんな現実を話したところで、噛み合わないこともわかっていましたし、まともに主張して薬漬けにされたくないので、とにかく受診をし、言われるがままに流して問題ないであろうという診断書をもらいました。

それから1年近く問題はなかったのですが、１００対０で相手が悪いという事故が起き、その2カ月後に小さな物損事故を起こしました。少額なので自腹で直せるなら、直接上司に連絡すれば内密にするという話はありましたが、迷惑をかけすぎていると自覚していた一方、大型トラックの乗務ほど怒りっぽいところを直すのに最適な仕事はないと思っていたこと、Ｙの顔の相もそれほど悪くなっていないのに念は強まっていて終わる気配もないこと、などを考えて今度事故を起こしたら辞めようと思っていたのです。

前の会社を辞めるときに誘ってくれていた建設業の社長のところに世話になろうと思っていたのですが、Ｙの念が弱まるまで暫く休んでからの方がいいのか、そうでなくとも少しでも怒りの振れ幅を小さくしてからの方がいいのではないかと思ったのです。その建設業の現場や乗務のコースがⓎ子の地元であることが多かったというのも、どことなく気になっていました。

第13章　悪霊との対峙をきっかけに半生を分析

01　散髪屋での出来事

ともあれ、もう大丈夫だろうというタイミングで仕事を始めて、しばらくは大きく体調を崩すこともありませんでした。でも大型ダンプで走っていると当然ながら前の会社のトラックや上司の車とすれ違うこともあり、それがYの耳に入ったのか、咳と頭のふらつきが復活してきて、また2年ほどは事故が続きました。

事故を起こさなくなったのは、ようやく2年ほど経ってからのことです。その理由として考えられるのは、今までで一番強い痛みでうごめき回り、離脱するふりを繰り返して、5年以上かかって離れていった悪霊がいたことです。その悪霊aを認識したのは当時よく通っていた散髪屋で、なぜかは忘れましたが、マスターの奥さんがだいぶ前に原因不明の病で亡くなったという話になり、それを聞いてからというもの、髭剃りのためにシートを倒すたび、じわじわと右肩から肩甲骨のあたりで痛みが強まり、じっとしていられずにうめいてしまうほどになりました。

それ以降は毎回の髭剃りが大変で、右肩を浮かせたりして何とかしのいだり、ひどい時は剃るのを断ったこともあります。それがマスターの奥さんなのかどうかは解りませんが、マスターには呪いの症状だということだけ伝えました。

02　悪霊aとの対峙

なぜ、そうしたことが起こるのかという分析も深いところまで進み、以前のような優劣を気にする発想に至るような時には、家で寝ている際も現れるようになりました。特に仰向けと、右横を向いてはまったく眠れなくなりました。悪霊の居心地が悪いと、右の肩甲骨から肩にじわじわとうごめく痛みもきつく、離脱しそうな時はもっと酷くて骨または筋肉を直接わしづかみしているような痛みがします。自分はできるだけ動かさないようにしているのですが、それでも駄目で、今度こそ離脱するかもしれないとしばらく付き合っていると、ゆっくりと離れていくように痛みも治まります。しかし、数日経つとまた同じ感覚の痛みがよみがえるのです。

この痛みは間違いなく悪霊aであり、離脱したふりをしていたのです。核心に至れない責任だからしょうがないし被害意識はほぼありません。慣れもありました。

03　初めて〝死〟と触れ合った幼少時代

このように多くの悪霊と関わることになった私ですが、なぜこうしたことになったのか。ａとの対峙をきっかけに、あらためてもう一度深く子供の時からどんな発想、感覚で生きてきたのか覚えている範囲でチェックしていきました。心の歴史とも言えますし、前世からの課題とも言えるものをきちんと再確認してみようと思ったのです。始めの攻撃の意識の分析とは念で被害を受けているからであり、当時の攻撃の本質とは自分の中の悪をまるでないもののように棚上げしている事、それを少しずつ心で自己責任として受け入れられた中で解りました。そこには不都合に対する不満、邪魔をされる、思い通りにならないなどがあり、それらを感じる度に自分の発想の中に不都合を排除するとか、邪魔をするなとか、思い通りにするにはなどの発想が小さいけれどもあることに気付いた時、神能者の施術のような頭に気持ちのいい電流とか、体に気持ちのいい電磁波などを感じ、同時に愕然としたり、感動したりしました、あれだけ頭でわかっていたのに気付けないとは情けないとも思いました。そうした時は仕事中でも就寝前でも一体以上は抜けていくのです、多少の痛みを伴いながら。それらの課題がある程度減り、それら以外の意識について考えてみようと思い、ａとの対峙には怒りの意識の中に含まれる優劣について深く分析し始めたのです。

小さい頃の私は、生まれつき心臓に穴があいている病気でしたが、幸いに手術しなくても治り、病院でキャラメルを買ってもらったことをよく覚えています。当時から、失敗すると落ち込んでいたし、萎縮の感覚もありました。小学生の時は、おとなしい面もやんちゃな面ももち、勉強はよくできた方です。体はガリガリでしたが、地域の剣道部に入ってすぐに強くなりました。

小４の時に、風邪をひいているのに剣道の大会に行ってフラフラで負け、家に帰ってから意識を失って倒れたことがあります。気が付くと３日経っていて、病院で寝ていました。顔も体もパンパンに腫れあがり、一時は血圧が２００を超えていたらしく急性腎炎でネフローゼ寸前だったそうです。この時は塩分が摂れず、甘いだけの食事にまいったのを覚えています。

３カ月の入院中に隣の病室で夜中に子どもが亡くなり、両親の泣き叫ぶ声で目を覚ましたことを覚えていて、それが初めて命に限りがあることをリアリティをもって知ることになった経験です。そのためにかなり落ち込み、それを防ぐために心のダメージを減らそうと未来を少し悪く想定するようになりました。

04　自分の都合に囚われるようになった思春期

退院するときには、腎炎時の食事の影響か全身にむくみが残りかっこ悪いと思いました。そのまま父方の田舎に転校となり、2年間は運動を禁止されて憂鬱でした。体育の時間に、ずっと見学しているのはかなりしんどくて、周りからどう見られているのかというコンプレックスを抱く一方、勉強しなくてもクラスの上位になれたことで努力を軽んじる嫌な優越感ももってしまいました。その頃は、父の外面が良く、家ではケチな姿を見ては「カッコつけるなよ」とも言えずに念を放っていたことを覚えています。

腎炎になってから中2までは女子とあまり話さなくなり、真っ直ぐ好きにならないようにしていました。これは今思えば、動かなくていいようにというⓎ子の思いと同じだったことになります。以降は、相手の好意を感じたら動くという卑怯なパターンが多くなりました。こうした姿勢は、真っ直ぐに生きられない弱さを含んでしまうのです。好きになるのは恥ずかしいことなのか、伝えて笑われたくないのか、ふられない保証が欲しいのか、愛されるのか、幸せになれるのか、などはすべて自分を守ろうという意識を含んでいます。これらはすべて自分の都合であり、それが多く強く含まれるほど愛の意識のクオリティが低いことになるのです。多くの人が固定観念としている浮気も愛の課題のひとつにしかすぎないのに、それだけを悪として後は考えたくないというのが現状になっているように見えます。自らが放つ愛のクオリティが、出会いや関わる相手を引き寄せるのです、それがどんなに不都合なものでも、そこから心を磨き鍛えるのには最適な相手となるものです。

05　問題を自分の責任として考えられるようになる

中1の終わり頃から、ようやく運動を許されて、いつも仲間とアホのようにドッジボールをしたり、自転車で走り回っていました、特に近所の山に登って猛スピードで駆け降りるのが好きで、よく怪我をしました。

前に書いたように怒りっぽくなっていくのは中3の頃からですが、これについてはあえて触れません。ここまでのところで基本的な課題はすべて現れていて、後は一緒に分析する力や意識の磨き方を身につけて欲しいからです。

すでに書いてきたように、私は自分の怒りっぽさを課題の軸にしてきました。最初のうちは、上手くいかない、思い通りにならない、そのなかでも邪魔をされることに怒りとして反応しているわけで、これはⓎ子とのことで言えば、心の奥に彼女に邪魔をされているという意識があり、噛み合わないから話にもならないというのが理由です。関わればエネルギーの繋がりが強まってダメージを受けるだけ、自分の心の中にⓎ子と同じ自分の都合をもつぶんだけダメージを受けるわけで、これを減らすことで自然と縁が切れるらしいのですが、思うようには進みません。これらのフラストレーションが、怒りの強さに現れてしまうのです。ですからⓎ子自身の自由と責任として少しずつ頭ではなく心で認められるよう、許せるようになれば、心の学びとして有効活用させてもらえるし、感謝にもなると思えるようになっていたのです。この時点で心の半分はもうそうなっていて、後は純度を上げていくしかないという意識を持ち、現状の女心としては理解していましたが、実は根っこが間違いなんだよと感じていました。念の攻撃はほぼ諦めていて、しつこさと症状の深刻さに怒っていました。

思えば、子どもの頃から念に頼り、必要ならばそこで言葉にするというタイプでしたし、中3の時と高校卒業以降はいよいよ強い思いや怒りで物事を解決するばかり。もって生まれた課題がⓎ子と同じようなもので、それなりにエネルギーが強かったから出会い、関わってしまったのでしょう。それがわかり体調を崩すのも自己責任として受け入れきれる心を目指したのです。

06 自分の都合がどんなものか、リアルに感じることが大切

この場合、すでに書いてきたように、怒りを抑え込んだり我慢すると心は一切磨けませんから、できれば言葉にするか、心の中だけでも解放できるようにします。意識を磨くための解放ですから、自己嫌悪や自己否定に陥るのではなく、できるだけ未熟さを笑えるように怒りの度合いを認識して、なぜ怒るのか、何に怒るのか、ゆったりと分析を楽しめるようになることが理想的なのです。

道徳に合わせにいくことが常識になってしまっている私たちにとっては、この解放ができていないことが第一の大きな壁となるのです。我慢やコントロールに陥って余計なストレスを増やし、厳しく言えば誤魔化しているだけとなって、不運を呼び込みやすい「いい人」になってしまいます。その結果として、余計な苦労も増やしてしまうから世の中には早死にしてしまういい人が多いのです。

分析するときに注意したいのは発想で、どんな感覚・感性で怒りに繋がるのか心で感じられるようになることです。頭では上手くいかないから、思い通りにならないからと感じ、その中のどれが一番強い思いであるか気付けたとしても、発想のなかの自分の都合を心でリアルに感じ取ると〝目から鱗〟となります。かのブルース・リーは「考えるな、感

じろ」と言いましたが、もっと言えば少し考えながら感じることを重視しなさいというわけです。

07　自分の優劣を考えることが、不安や恐れの原因

このことを言葉で説明するのは難しいのですが、より覚えている最近の事例をもとに説明します。

離脱するのに5年かかった悪霊aとの関わりで、私が気付いたのは怒りの成分に優劣を気にする意識が紛れていたことです。日常で会うドンくさい人や、劣っている人に対する上から目線が発想の中にまだ少し残っていたこと、これは無意識に自分が優れている感覚に浸っているという意味です。それを、普段感じている意識の表面にはまったくないと思い込んでいるわけで、これこそが憑依霊と同調している状態でまったく気付けない当たり前の感覚になってしまうのです。私はすでにある程度のレベルまでは磨き鍛えられているので、日常生活において周りから怒りっぽいとか上から目線だとか、人を馬鹿にしているなどと言われることはもうありません。そこで、心の中の深いところで少し苛立つときの感覚、発想を認識して、なぜ苛立つのか、何に苛立つのかを分析していきます。

たとえば、事故が起きたときにまず感じたのは少々の不満や苛立ちがあったから、その後は申し訳ないとかっこ悪いがメインでした。なぜ、かっこ悪いと感じるのかを分析すると、自分が優れているという感覚のなかにいるからで、結果的に優れて喜ぶのはいいのですが、優れているというのを固定観念としてもつとだめなのです。それが多くて強いぶんだけ落ち込んだり、劣ることへの不安や恐れを意識の裏に抱えることになります。

08　優劣を気にする自分に気付き、悪霊ａと決別

自分の意識の柱としては、あくまで普通という感覚であるべきであり、違う言い方をすると本物の謙虚と言えます。常に課題と共に生きる事が理想的ですからそれを目指すべきなのです。これが「過ぎたるは猶《なお》及ばざるが如し」の真理であり、大いなる普通を目指すことが心の調和に近づくことになるのです。

そうなると、かっこ悪くてもいいし、恥ずかしさも減り、心からそれを笑えて楽しめるようになります。これは傷つかない心にも通じていて、相手が傷つけようとしてきても、流すべきものと受け入れて学びに生かすべきものとの区別が冷静にできるようになるのです。自信やプライドや信頼も、度を超すと裏目に回るのです。さらに優劣を気にするとい

うことは、人の目や評価を気にする意識やメンツを気にすることなども含んでしまいます。

これもまた日常や恋愛において感じることはなかったのですが、なぜかっこ悪いのか分析したとき、発想の中にしくじり劣っている感覚と、破損した部分を見る落ち込みと、見られる恥ずかしさと、それにより社内の評価が下がるという感覚、があることに気が付いたのです。感じていない心の奥に、それなりに人の目や評価を気にするところがあり、そういえば若気の至りでガンをとばすとか「なめられたらあかん」というのは、「俺の方が上やど」という意識であり、十分に優劣を気にしていたわけで、どう思われているかという発想はⓎ子も私も同じなのです。

これに気付く瞬間に、頭頂部に気持ちのいい点が当たり、5年に渡って離脱するふりをしていた悪霊が多少の痛みの後に抜け、何とも言えない気持ちのいいエネルギーが入ってきました。それ以降は、事故もなくなりましたが、優劣を気にする小さな発想は心の深いところにまだあり、相手の運転がどんなにドンくさくても、ふざけていても、自分勝手で危険でも、アホだの、ぼんくらだのと思うようでは上から目線の感覚をもっていることになります。こういう人たちの被害を受けたときには、関わるということは、磨いた方がいいよというシグナルだからこそ肯定し、楽しめるようにならないといけないのだと思います。

第14章　心を磨くこと、それ自体を楽しむべし

01　他人への愛の不足は、自分の都合がまだ多いということ

物事を怒りや攻撃で解決する思考パターンは、悪であることも頭ではわかっているのです。「邪魔をするな」という意識もある程度は減らせたのですが、実際には自分が感じているよりも多めに残っているせいで、急いでいる時に限って立て続けに邪魔が入るものだと思えるようになりました。急いでいるかどうかもまた、自分の都合なのです。それに邪魔をされてなぜ怒るのかといえば、他人に対する愛が少ないからであり、上手くいかないからであり、思い通りにならないからです。

上手くやりたいも思い通りにしたいも、ある程度は減らせたつもりなのですが、他人に対する愛が少ないという意味ではまだ減らし足りないということなのでしょう。そして何より「邪魔をするな」という思いは、私がかなり理解しているはずの「不都合を排除しない」という意識に反するものなのです。「車社会においても攻撃性がかなり減ってきたのですが、最近特に感じるのは、邪魔をされる―足を引っ張られる感覚というのは優れてい

ると思う側が抱くもので、これがあるから弱いながらも一種の緊張感の中にいる事になるわけで、そのぶん運転が楽しくないというストレスにもなるのです。邪魔をするなという意識も実は念であり、怒りも仕方ないという感覚を減らしきれないから影響を受けるのだと受け入れ、どんくさいのも、上手くいかないのもまあいいかと心から笑えるように少しずつ近づいているようです」「そしてさらに気付いたのは、邪魔をするなというのは迷惑をかけるなとか被害を与えるなということでもあり、その奥に自分さえ良ければいいという意識が紛れ込むことであり、やはりすべての自分の都合に紛れ込んでしまうということ、この小さな無意識がすべての不運や不幸の原因となることなのです。イラッとするたびに発想を分析して、これを心で気付いた時には大きな一歩となりました。頭では―感じている意識ではこんなにもわかっているのに、なぜ発想の中で自分の都合に浸っている部分があるのに気付かなかったのかと驚いてばかりです。さまざまな負の感情を真っ直ぐ感じて、その奥にどんな発想―固定感覚があるのか謎解きをして、心でリアルに解った時には感動すると思います」

02　課題を一つずつクリアしていくことそれ自体を楽しむ気持ちが大切である

最近までは、どこまで自分の都合を減らせばⓎ子とその僕《しもべ》たちの念と縁が切れるのかという思いがありましたが、彼女たちと同じさまざまな自分の都合を弱めたぶんだけは確かに楽になっているので、誰の念で体調を崩しているのかも気にしなくなりました。

多少の頭のふらつきと眠気は午前中だけで、これは相手はわかっています。鼻水やくしゃみや咳は基本的に1、2分くらいを数回繰り返すだけで、これは思い当たる相手が何人もいます。新しく出会った女性のエネルギーで特に若い人にはプラスが多くて念が強めだと、一日中体調を崩すこともたまにありますが、少し気になるのが嘔吐です。近所の誰かなのですが、出勤前後の5、6分だけ咳が止まらずに時々嘔吐してしまうのです。また、これはYだと思うのですが、夕方5時前後の2、3分に強い胸やけと咳が止まらず、必ず嘔吐することが年に4、5回あります。でも、それも最悪の時期を思えば何ということはなく、焦らずゆっくりと課題を減らすことを楽しむだけです。

03　今もなおⓎ子の念

攻撃性も減り、さまざまな課題も軽くなった頃、Ⓨ子の念の直接的な攻撃はもうなくなったのですが、近づこうとしている女性は思っているだけで動かない、または思いの強さで何とかしようとする人がほとんどですから、すぐ取りつかれて彼女の僕のように念を出すようになります。一歩も動けないまたは動かない女性を見て、同じことの繰り返しに何とも言えない気持ちになり、念が強まるとうっとうしくなり、引いていく私という構図です。取りつかれた女性の念の強さのぶんだけ、お互いに体調を崩したり事故になったりするわけで、年に３、４人関わりがあることや、８年引きずる人、ぶり返す人などで、強弱含めると念の来ない日はほぼない状況なのです。いつになるのかわかりませんが念を感じなくなるまで謎解きを楽しむことにします。

第15章　愛が生み出す苦しみについて

01　愛の固定観念が放ち続けるマイナスエネルギー

Ⓨ子の念の影響を受け始めてから１００人を超える女性と出会い関わり、うち食事やデートができた人は４人だけで、それも２人はすぐに取りつかれて、しばらく付き合えたのは２人だけです。その２人も結局は取りつかれてしまうのですが、この４人に共通する素晴らしいところは、人にどう思われているのかあまり気にしないところです。だからこそ行動的だし、聞きたいことは聞き、言いたいことも言うから念になりにくいのです。念に頼らず、放ちにくいから関われたのですが、やはり愛されているかどうか確かめたいという思いがあり、そこにある不安や恐れや思い通りにしたいという念に取りつかれてしまうのです。

現状の常識のなかで普通に生きている人にとっては冗談じゃないよという話になるのですが、愛の意識のクオリティがかなり高くないと、強すぎるⓎ子の念につけ込まれて自分の都合に囚われてしまう。愛されたいも、守りたいも、思い通りにしたいも、上手くやりたいも、傷つきたくないも、優れていたいも、すべて結果を想定するものであり、これらを意識に含むぶんだけマイナスのエネルギーを放つことになります。

それ以上に厄介なのは普段感じることの少ない、心の奥にある固定観念に含まれるマイナスのエネルギーが常に放たれ続けている点です。ここに少しずつ憑依を受けてしまい、エネルギーが劣化していくからこそ、完璧な現状維持はできないし、諸行無常となるのです。心を磨かないとプラスのエネルギーは増えません。つまりそのままでは、マイナスのエネルギーが増える可能性しかないのです。

02　深層心理に潜む自分の都合をある程度減らさなければ、愛に苦しむことに

愛の反対は妬みや怒りや憎しみなどですが、それらを減らすにはその奥にある自分の都合を減らすしかありません。現状よりも心に愛を増やしていくことこそが、本来の生きる意味と価値なのです。これはすべての運や健康や美容の源です。最も理想的な愛の意識とはさまざまな自分の都合を減らしていくことで、結果を気にせず放つことだけに専念できるように少しでも近づいていくこと。そうできることを喜べるようになるべきなのです。これこそがクオリティの高い愛のエネルギーとなり、まさに神の意識に近づくものであ

り、悪霊が寄り付けないものとなり、同じように自分の都合の少ない愛をもつ人と引き合うのです。その結果、愛されていると感じるならまた喜べるというわけです。

愛に苦しむ人ほど、実は自分の都合が強く多くて、それを基準に物事を見て考えすぎています。自分の都合を減らせれば、それだけ結果に囚われなくなり、今を楽しめるようになるでしょう。自分の力で心のポテンシャルを上げていくこと、不都合の意味を知り有効に活用できるようになること、これが本当の意味であるがままに生きると言えるのです。

これが、結果的には最も現実を大事にすることになるのです。未来も現実も、できるだけ自分の都合を混ぜ込んだり固定化しないエネルギーほど、悪霊退散に繋がるわけです。

第16章　才能があるだけでは心は磨けない

01　本音のメンタルトレーニングと小手先のコントロールの違い

ただ、いわゆる才能にあふれ、恵まれた人にも注意すべきことはあり、自信やプライドや傲慢さゆえに暗黒面に陥り悪霊化することは少なくありません。そうなると、残念ながら自殺をしてしまったり、重い病気になったり変死をしてしまったりする可能性が高くなります。よくアスリートの人が自信を得るために過剰な練習をするというのも間違いなのです。それは、いたずらに怪我の可能性を高めるだけでなく、自信が揺らげば脆くなりやすいですし、自信という感覚に頼るぶんだけその裏に不安や恐れや萎縮というような相反する感覚を育てる可能性もあります。「負の意識をコントロールしてはだめで、コントロールする必要のない心に近づいていくことこそが本道なのです」

本音で勝負を楽しめるようなメンタルトレーニングと、適切な練習をバランス良く組み合わせることが理想的なのです。最近では勝負を楽しむようにしている人も増えてきましたが、劣勢になると顔に出る人がほとんどで、緊張や萎縮や焦りというマイナスのエネルギーに囚われています。それではいい流れは呼び込めないし、負ける可能性を高めるだけなのです。劣勢になっても楽しめるように、負けても課題を見つけて喜べるように、クリアする過程を楽しめるようになることが本来のメンタルトレーニングであり、小手先のメンタルコントロールで乗り切っているようではいけません。従来の心の表面を頭でコントロールするメンタルトレーニングでも、マイナスのエネルギーが溜まるまでは上手くいくことも多いので、落とし穴に向かわないように、楽を選ばないようにしたいものです。

02　才能ある人々に関する分析

渋野日向子さんが全英女子オープンゴルフで優勝したときには感動しましたが、あの楽しむ意識と、守りに陥らない攻めの意識がどのレベルにあるのかと興奮もしました。でも、その後の活躍を見るとまだコントロールの領域が多いのだと思います。若いうちに上り詰める人は多く、そういう人は心にマイナスのエネルギーが増える前に思いの力によって導かれたと思われますが、それだと後に続かないし、さらなる飛躍もなくなるのです。驚くべきは野球のイチローさんで、これといったスランプも怪我もなく上り続けられたというのは、思いの強さには頼らず、野球そのものを、課題も努力も楽しむことが普通にできていたことを証明しているものだと思います。テニスの錦織圭さんは怪我が多いので、思い通りにしたいという意識が強すぎるのかもしれず、このままの思考パターンでは少々心配です。テニスの大坂なおみさんは不都合に対する反応が過敏すぎる感じで、これもまた少々不安があります。

　彼らのような才能あふれる人が真のメンタルトレーニングを身に着ければ、どこまでも上り詰めることができる一方、逆に才能がなくても卑屈にならずに好きなことを楽しみ、努力を楽しみ、失敗をも楽しんでいけるなら、どんな奇跡が起きてもおかしくありません。もちろん楽しむ意識にもクオリティがあり、それは愛と同じで自分の都合が少ない人ほど高いのです。芸能人だとローラさんがすごいと思います。守りの意識がかなり少ないため行動も早く、本音の深いレベルまで何とかなるという意識が行き届いているように感じます。理想に近い愛の意識のクオリティだから、思い付いたことを口にしても毒気を感じないのです。

第17章　私が今、気にかけている事

01　世界が理想に近づいていくためには

人と話すときには言いたいことを言い合い、傷つけようという意識を含むのなら、それを悪として分析していく。傷つくのならそれもまた悪なのだということを知り、それはなぜか、何にかを分析していくという、傷つける側も傷つく側も互いの課題として責任として磨いていくこと、関わりの意味と価値を理解すること、一人でも多くの人が本来の生き方を目指すことが最も理想的であり、それのみが社会におけるハラスメント問題を根本的に減らしていく方法であり、人間の都合を含む法律に頼らず、理想的な世界に近づける唯一の道なのです。弱い人に「あなたは悪くないので法律という力で守りましょう」というだけでは社会は歪んでいくばかりです。根本的に強くなる機会を奪いかねず、言うべきことが言えなくなる。弱い人に筋違いの力を与えることで、事態が大きくなる可能性もあるのです。

02 憲法9条は変えない方がいい

どんなに世界から理解されなくても、馬鹿にされても、実践がほど遠くても、憲法9条は向かうべき理想として掲げ続けるべきだと思います。外国相手にただ上手くやろうとするのではなく、言うべきことは言い、怒るべきことは怒ったうえでわかり合おうとするべきなのです。当然ながら無理なことも多々あるでしょうが、それへ向けて動くことが大事だと思います。我が国もまた土地や資源を確保しようとして戦争になった歴史がありますが、なぜ知恵と工夫と努力で分かち合い、生かし合えなかったかと残念です。人間として有史以来の本格的な進歩を望むのなら、日本ならではの「和を以て貴しとなす」の意味と価値を少しでも広めるしかないと思います。「これは鉄鋼船や飛行機ができるまでは侵略される危険性の少ない島国だからこそ浸透することができたのですが、このひと言は真理に裏打ちされた計り知れないものであることがわかると思います、おこがましいかもしれませんが神に選ばれた国なのではないか、心――精神世界の中心となり核となれる事を目指すべきではと思うのです」

03　自動運転のもたらすデメリット

自動運転システムは人をさらに愚かにすると思います。さまざまなことを感じて考えるからこそ運転が楽しいのです。それがすべて自動になると、感じることも、考えることも減り、危険に対する感性も思考も劣化していくだろうと思います。今でさえ自分の部屋にいるような緩い意識の人が多く、よそ見も多いし、後ろも見ない、漫画やスマホを見ながらという人もたくさんいるのです。「コンピューターもＡＩもそうですが、感じること、考えること、覚えること、を減らして脳も心も劣化させているように思うのです」

自動運転を制御するのは電子機器であり、電磁波などで異常が起きれば大惨事になるかもしれません。楽と便利には弊害もあるし、事故にも意味があるわけで、起きるべき時には守らず学びに変えるべきです。人生と同じで、守るほど、不都合を遠ざけるほど、事が起きるときには大きくなってしまうのです。

04　締め付けることでは社会の表面しか良くならない

暴力団対策法で締め付けすぎる故に、詐欺などの犯罪が巧妙になり、捕まえるべき者は捕まらず、関わることのなかった人たちに被害が及んでいます。

社会の表面だけを排除して、不都合を見えなくしているだけなのです。大きな意味で言うと、暴力団員といえども愛の意識がまったくない人はいないわけで、心のエネルギーだけで見れば一般人と変わらないのです。むしろ自分の都合に正直で、それが強くて組織的で過激なのが問題だと思います。

昔のように看板を掲げて、裏社会の規律として認めた方がいいと思うのです。人の心には多くの裏もあるのですから、それにかなりの非行を繰り返す人には、とりあえずの教育の場にもなります。足を洗って生きられる人もいますし、現実の暴力を通して学ぶこともあるのです。人間の、そして自分の守りの意識が攻撃の源であることがよくわかります。

さらに言えば、異常犯罪者の自伝の出版さえ役に立つのです。もちろんちゃんと自己分析できていればなおいいのですが、読者自身が程度の差はあるにしても同じ感覚や発想をもっていないか、またそれをエスカレートさせてしまうと同じような道へ向かうことになるとわかるからです。

そうした犯罪者自身は悪霊化するなどとは思っていないでしょうが、魂―心―霊体をかけて自分の都合に溺れた結果を晒してくれているのです。有害図書の影響を受けるのなら、それは本人の心の奥に同じ課題の根があるということ。これもまた不都合をいたずらに遠ざけて深刻な状態に陥るのではなく、普通に晒すことで自己分析の役に立つはずです。自分は問題ないから何も学ぶことはない、問題のない社会という枠に合わせにいくという人ほど、より深刻な事態になってしまうのです。

05 美容整形は心を磨けなくなる

美容整形はしない方がいいと思います。人の容貌というのは、深い意味と共にそう生まれてくるのです。時間はかかっても心を磨き愛を増やすことで内側から輝かせていくべきで、そうなることでその人にとって最善の魅力を放つようになります。見かけが良くなることで多くの人にモテるよりも、心の魅力で最善の人に出会える方がいいのです。

整形をするのは、現実を自分の都合でコントロールするということです。これはかなり深刻なことで、現実と向き合えなくなり、本格的に心を磨けなくなります。つまりは悪霊化の大きな条件になりやすいのです。事実、整形に依存していく人が多いのは、彼ら彼女らが憑依を受け続けているからにほかなりません。人間にとっては現実がすべての基準であり、それを感じるために体と繋がり生まれてくるのです、そこからは自由であり責任もついて回りますが時には喜び、時には学ぶための現実なのです。

06　現実と真っ直ぐ向き合うために、現実の意味と価値を知る

同じように、臓器移植も根本的には間違いであると思います。当事者にとっては理解できないと思いますが、ドナーの霊体がついてくる可能性もありますし、現実操作のエネルギーも生んでしまう。何より、来世の条件が厳しくなる可能性があるのです。

厳しい事ですが、現実の肉体としての命よりも心―霊体のクオリティを下げないことの方がいいと思うのです。病気になるのも前世と今までの課題のエネルギーが放つ結果であり、その意味では本人の責任であり、また家族の責任でもあります。それはまた潔くその命をまっとうして、その重さや意味と価値を学ぶためだと思うのです。

病気や怪我をするのは本人の責任として受け入れること。「これも出会い―関わり」たとえ救急車や医療のミスに遭遇したとしても、その運の悪さも一番の責任は本人の放ち続けたエネルギーと思うこと。悪霊化を遠ざけるためにもです。現実とは己を知るためのものなのです。

07　本当の幸せは、不都合の少ない愛に溢れた人生にこそある

経済を優先しすぎて心を軽視した結果、医療費が膨らみ続けていると思いませんか。温

暖化の影響が大きいと思うのですが、新型コロナウイルスだけではなく、さまざまなウイルスが台頭してくる予感がします。科学的な意味もあるのでしょうが、電気代を安くするという甘い話で原発を導入した結果、安全に処分するためには幾らかかるのか解らなくなっている。そのために税金という違った名目で、実はバカ高い電気代を払い続けなければならないと思いませんか。物事を見る力、考える力が浅くて表面的すぎるのだと思いませんか。

どんなに高学歴でも、優良企業にいても、結局は心のクオリティが人生を左右するのです。一時的な結果ではなく、命をまっとうするまでの過程を大事にするべきでしょう。本来は心のレベルアップを優先しながら事に臨む、努力を楽しめるようになるべきです。

不都合を分析して心のレベルアップができるようになれば、不都合をも楽しんで感謝できるようになれば、自然と不都合は遠ざかり、絶えず笑っていられるような好循環の人生になります。否定するものや事が多く強い人ほど心の奥に苦しみを抱えてしまうので、心が肯定にあふれ愛にあふれてこそ人生のすべてを楽しめるようになるのです。

本当の幸せとは、否定の少ない心、不都合の少ない心にあるのです。それに比べれば、お金持ちになるとか有名になるなどは、単なる結果にすぎません。同じ時間、同じ場所にいても見える世界、感じる世界は千差万別であり、それぞれの心のクオリティに応じているのです。正に自分が変われば世界も変わるのです。

あとがき

私の周りにいる人たちに心を磨き鍛えることを伝えても、興味を示さない人がほとんどです。心なんか磨いても何の得もないし、損をするだけという人も少なくありません。本当に心を磨けるようになり、感性や感覚という発想のポテンシャルが上がれば得しかないことがわからないのでしょう。

現状のポテンシャルで何とか上手くいくのではないか、という生き方をしたがるのです。自分の内面を変えるより外を変える方が楽だからです。自分の都合を通そうとして相手に変わってもらおうとするわけで、恋人や夫婦や嫁姑の揉め事もこれが原因であり、この逆をすること、つまり自分が変わることで結果的に好転すれば、さらに相手や周りの人たちも変わる可能性もあるというのが本道なのです。

自分のことはよくわかっていないけれども、他人のことはよくわかるというのも、脳で理想や道徳に合わせにいくようコントロールされた意識によって、自分の本質や本音を覆い隠してしまうからです。だから、他人の意見というのが的を射ているということも起きるのです。このように、コントロールが多くて強い人ほど自己分析ができなくなりますから、心を磨き鍛えるコツをつかむのは難しくなるのです。

人生を楽しめない人ほど課題は多いと思った方がいいと思います。楽しい時は思考も柔らかく良質なインスピレーションも受けやすいですし、体もよく動くのです。何事も楽しむことが最良で最善なのです。

できることなら、心を磨き鍛えるコツをつかんで欲しいのです。磨けるたびにさまざまなことに気付くでしょう、頭ではずっとわかっていたはずのことが心でわかったとき、発想の中のズレや歪みに気付いたとき、なぜ心で理解するのに時間がかかるのか、自分なりの常識や慣れや癖などがシールドのように目隠しをしていることがわかるでしょう。磨けるようになればなるほど、この気付けない状態こそが憑依なのだと思えるようになります。

気付くべき事に気付けない、だから考えるべき事にも気付けなくなるのです。恐れることなく落ち込むことなく、心のポテンシャルが上がることを楽しめるようになり、不都合をも楽しめるようになれば恐れるべき事はなくなっていくのです。それが家族や周りの人たちを、意図的ではなく自然と助ける可能性も少なくありません。さまざまな動植物の命を頂かなければ生きられない人間には、この環境―地球を守るのではなく劣化させないという責任があると思うのです。

ひとりでも多くの人がそう生きられるようになることで、結果的により良い社会、そしてより良い国、そしてより良い世界になることこそが本道です。自分自身が本物の幸せを目指して実践していければ、家族や周りの人たちをも幸せにできる可能性もあります。人間は自分を「守る」ことのために生まれてくるのではないのですから。

著者紹介

岩村和道（いわむら わどう）

1964年、大阪生まれ。
小5から高知。高校から滋賀在住。

幻冬舎ルネッサンス新書 252

心《こころ》の世《せ》界《かい》

2022年6月22日　第１刷発行

著　者　　岩村和道
発行人　　久保田貴幸

発行元　　株式会社 幻冬舎メディアコンサルティング
〒151-0051　東京都渋谷区千駄ヶ谷 4-9-7
電話　03-5411-6400（編集）

発売元　　株式会社 幻冬舎
〒151-0051　東京都渋谷区千駄ヶ谷 4-9-7
電話　03-5411-6222（営業）

ブックデザイン　田島照久
印刷・製本　中央精版印刷株式会社

検印廃止

Printed in Japan
ISBN 978-4-344-93914-1 C0295
幻冬舎メディアコンサルティングＨＰ
http://www.gentosha-mc.com/